女性社労士がこたえる

働く女性のための雇用・年金教室

―幸せなビジネスライフをおくるために―

古川飛祐 著

税務経理協会

読者の皆様にこの本を推薦いたします。

社会保険労務士

秋保雅男

『働く女性のための雇用・年金教室』は、私の社労士講座に通学し、最優秀の成績で合格の後、10年間にわたって私の執筆活動と通学講座で協力をしてくれている古川飛祐さんが執筆した、実務経験にもとづいた作品です。

女性が仕事をしながら活躍している姿は、現代を生き抜いている女性の典型的な姿です。仕事をしながら、勉強を続けたり執筆活動をしたりすることは、大変なことでありますが、古川飛祐さんは、前向きに積極的にこなしています。

女性は、働き続けて、初めて、男女平等が実現できます。第二次世界大戦後、家族制度的な考え方から、民主主義に変革してきたとはいえ、実現していくのは、強い意志の力が必要といえます。

古川飛祐さんの今後の活躍を、心から応援しています。

はじめに

「働く女性のための労務管理に関する本を書いていただけませんか。」『年金Q&A680』第6版の改訂作業が終わりに近づいた頃、このようなご提案をいただきました。

半年ほど考え、社会保険労務士の観点から、女性の皆さんとの問答形式で、労働・社会保険のアドバイスをまとめてみることにしました。同時に、事業主の皆様、人事労務担当者の方々へのアドバイスも盛り込んであります。これは、社会保険労務士が、労使を対立させるのではなく、「つなぐ」役割を担っているためです。

本書の第1章では、**ライフスタイルの変化と年代別の注意点**を、第2章では、労働・社会保険諸法令のうち**女性の注目度が特に高いもの**を解説しています。第3章は、**産休から育児休業終了まで**を、ひとつの流れでまとめてあります。

人を雇う側の悩み・雇われる側の悩みは、時代と共に変化します。労使間にはもともと壁がありますが、**直接の会話が減少した現代**では、その壁が、ますます高くなっているのではないでしょうか。人間には、感情があり、目標があります。企業にも、もちろん目標があります。**労使のコミュニケーション**がうまくいき、力を合わせることができれば、生産性が向上します。それが**雇用の確保を実現させ、希望を生み、活力ある社会を作る**のです。

私自身、「働く女性の悩み」と無縁ではありません。本書は、自分なりに乗り越えてきた20代・30代の経験もまじえて執筆しました。女性はどうしても、年齢を意識せざるをえない時期がありますが、**どのような道を選択するかは、千差万別**です。「子供がいる、いない」「結婚している、していない」といった分類に惑わされることなく、「自分はどうしたいのか」を考えるきっかけにしていただければ幸いです。

現代女性は、まだ誰も経験したことのない、**便利で混沌とした時代**を生きています。働く中で、生きていく上で、常に新たな悩みが生じます。根強い男女差別の解消も、まだまだこれからです。それでも、希望を忘れずに、**自分を信じて前へ進みましょう**。

困った時、人生のターニングポイントに差し掛かった時、相談する場所は必ずあります。インターネットが当たり前の時代になり、かえって相談窓口を探しにくくなっているかもしれません。本書では、適宜、**相談・問い合わせ窓口**を紹介していますので、活用してください。

企画・執筆に当たり、税務経理協会の鈴木利美様から、数々の助言をいただきました。恩師の秋保雅男先生が折に触れ話してくださる、日本の歴史と諸法令の成り立ちも、大変参考になりました。現代を生きる女性の姿は、30年間にわたって社労士事務所を開業している母をはじめとして、多くの方から学びました。この場をお借りして、お礼を申し上げます。

平成28年4月

社会保険労務士　古川飛祐

目　次

＊　巻末に、**質問項目一覧**があります。

第❶章　現代女性のライフスタイル
～何歳で何が起こる？～

●女性について、昔と今のライフスタイルの変化と、それに伴うさまざまな制度の変化や問題点を知りたいと思います。

女性の大学進学率をみると、平成25年は45・6％ですが、約40年前の昭和50年は12・7％でした。今は大学に進む人が増え、社会人になってから再び大学に入る場合もあります。

女性が働いたり学んだりすることが、ようやく一般的になってきたというところでしょう。現在の憲法ができる前には、今よりももっと「家」が重視され、女性は、自分の財産を持つことができなかったのです。

日本国憲法の施行が昭和22年、**男女雇用機会均等法**の施行が約40年後の昭和61年です。**労働基準法**は昭和22年制定ですが、当初は**女性の深夜業などを禁止**していました。女性の深夜業や時間外労働、それに休日労働の規制が撤廃されたのは、50年後の平成9年です。

育児休業法の制定が平成3年、**核家族化**が背景にある**介護保険法**は平成12年に施行されました。女性の社会進出と関連するさまざまな法律には、まだ「産まれたて」のものもあるのです。情報化が進み、日常生活のスピード感が増し、ストレスがたまりやすくなっているのも問題ですね。

【女性に関するさまざまな法改正】

昭和19年	労働者年金保険法(現場の男性のみ対象)を母体とする**厚生年金保険法**が施行され，女性も対象とされた
昭和21年	**日本国憲法**公布（翌年施行）
昭和22年	**労働基準法**制定，労働省・婦人少年局設置
昭和47年	**勤労婦人福祉法**制定（後の均等法）
昭和54年	**女子に対するあらゆる形態の差別の撤廃に関する条約**が国連総会で採択（昭和60年に日本の国会で承認）
昭和61年	４月１日，**男女雇用機会均等法**が施行され，**定年**及び**解雇**について男性との差別的取扱いが禁止された。同じ日に，**国民年金**の第３号被保険者の制度が始まり，「**婦人の年金権**」が確立した
平成３年	**育児休業法**制定
平成９年	女性の深夜業・時間外労働・休日労働の規制を撤廃
平成19年	厚生年金保険料納付記録の**離婚分割**制度が創設された
平成26年	産前産後休業期間中の社会保険料免除

●育児や介護に関する法律は、できてからあまり時間が経っていないのですね。日本では、女性は家のことに専念すればよいという考え方が根強いために、ほかの国よりも法整備が遅れたのでしょうか。

「女子に対するあらゆる形態の差別の撤廃に関する条約」が国連総会で採択されたのが、昭和54年でした。この条約が日本の国会で承認されたのは、昭和60年です。その翌年に、**男女雇用機会均等法が施行**されています。

当時問題になっていたのが、**男女の定年年齢の差別**です。**男性は60歳**まで働けるのに、**女性は55歳**で定年という定めが、珍しくなかったのです。ところがこれは、民法90条の**「公序良俗」に反する**、と最高裁判所が判断しました。今では、男女とも、**定年は60歳を下回ることができません**（坑内作業の業務のみ例外あり）。

日本は、女性の活躍という点ではまだまだ道半ばで、これは1年や2年で解決する問題ではありません。欧米諸国に比べると**女性の管理職の割合**が低い、というのは有名な話です。ＩＬＯ駐日事務所が紹介している**女性管理職比率**（２０１２年）をみると、アメリカが15位、イギリスが41位で、日本はずっと遅れて95位です。

日本の女性に**参政権**が認められたのは戦後で、これも欧米諸国に比べると早いとはいえません。

【女性管理職比率】

1位	ジャマイカ	59.3%
15位	米国	42.7%
25位	ロシア	39.1%
41位	英国	34.2%
95位	**日本**	**11.1%**
108位	イエメン	2.1%

ILO駐日事務所
（http://www.ilo.org/tokyo/information/pr/WCMS_336075/lang--ja/index.htm）

【女性の参政権が認められた年】

1893年	ニュージーランド
1918年	英国
1920年	米国
1945年	イタリア，**日本**
1946年	フランス
1948年	韓国

内閣府男女共同参画局
（http://www.gender.go.jp/about_danjo/law/kihon/situmu1-1.html）

●「女性の活躍」という言葉は、外で働く場合ばかりが強調されているように感じます。

女性の生き方は、いろいろです。外で働く時期が長い女性もいれば、そうでない女性もいます。働く背景は、**生まれた時代**によっても変わります。現代の日本の女性には、**多様な選択肢**が用意されているのです。それにもかかわらず「女性の活躍」という言葉が注目されているのは、**前問**でみたように、まだまだ女性の社会進出が道半ばであるという現実の表れなのでしょう。

●20代前半の会社員です。学生時代の友人とだんだん話が合わなくなり、仕事はまだ全部覚えることができず、壁にぶつかっている感じがします。

20代は、体はよく動く時期ですが、大変な緊張の中にあります。あらゆる年代の人が毎日目の前を行き来するので、焦りを感じることもありますね。まずは、**目の前にある「今日の仕事」を確実に終わらせる**ことを考えましょう。「やるべきこと」と「やりたいこと」は、分けて語られることが多いものです。しかし、**「やるべきこと」を無理なくこなせるようになると、その先に「やりたいこと」が見えてくる**のです。今は準備運動の時期です。ひとつずつ、やるべきことをやり、じっくりと目標を探しましょう。学生時代とは違う意味での勉強が、始まっているのです。

【年代別：時代背景】

昭20終戦	今の70代の人が出生
昭22～24	第１次ベビーブーム
昭30年から	高度成長期
昭48	オイルショック
昭61均等法施行	今の50代の人が20代
平３（昭 66）	バブル崩壊による不況が始まる。 今の20代・30代が就職するのは，このあとの話

【年代別：働く時の心構え】

10代・20代：とにかく目の前にあることをやろう

↓

30代：慣れた仕事を丁寧にこなし，深めていこう

↓

40代：男女とも「一人前」に見られるようになる

↓

50代：フル回転！

●女性が仕事に慣れる時期と出産の時期が、重なることが多いようですね。

仕事がおもしろくなってくるのは、責任が増してくる30代からです。一人前に見てもらえるようになるのは、さらにその先の40代からだといわれています。しかし、多くの女性は、30代半ばになると、**出産のタイムリミット**を意識します。日本の女性が出産等によって仕事をしない時期は**35歳〜39歳**が一番多く、これを図で表すと、**M字型のカーブ**になります。

欧米諸国の女性は、出産等の場合も仕事を続けるため、労働力率はM字型にはなりません。日本の男性と同じように、**台形**になります。

●少子化の問題について簡単に教えてください。

一人の女性が生涯に産む子供の数を表す**「合計特殊出生率」**は、およそ2・07が理想とされています。この数字を下回ると、人口の減少が始まります。日本の合計特殊出生率は、昭和22年〜24年は4を超えていました。これが**「第一次ベビーブーム」**で、年間約270万人が出生していました。平成26年の合計特殊出生率は1・42と発表され、出生数は約100万人でした。生まれる子供の数が少ないと、人口構成が**「逆ピラミッド型」**になり、将来の公的年金制度などを支える人数が少なくなっていきます。

【日本の女性の労働力率を表すM字型カーブ】

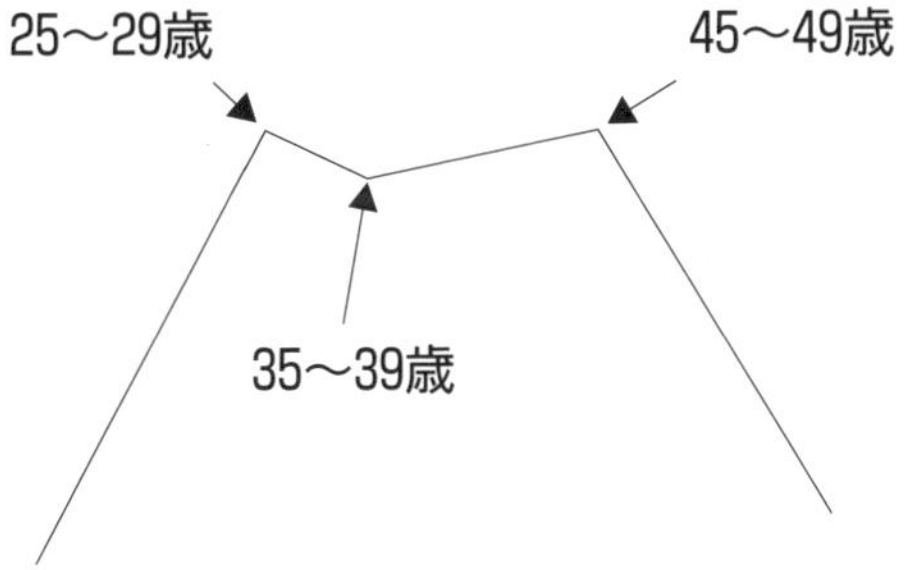

M字の底は，平成19年までは30～34歳で，平成20年からは35～39歳に移行した。

【人口の構成】

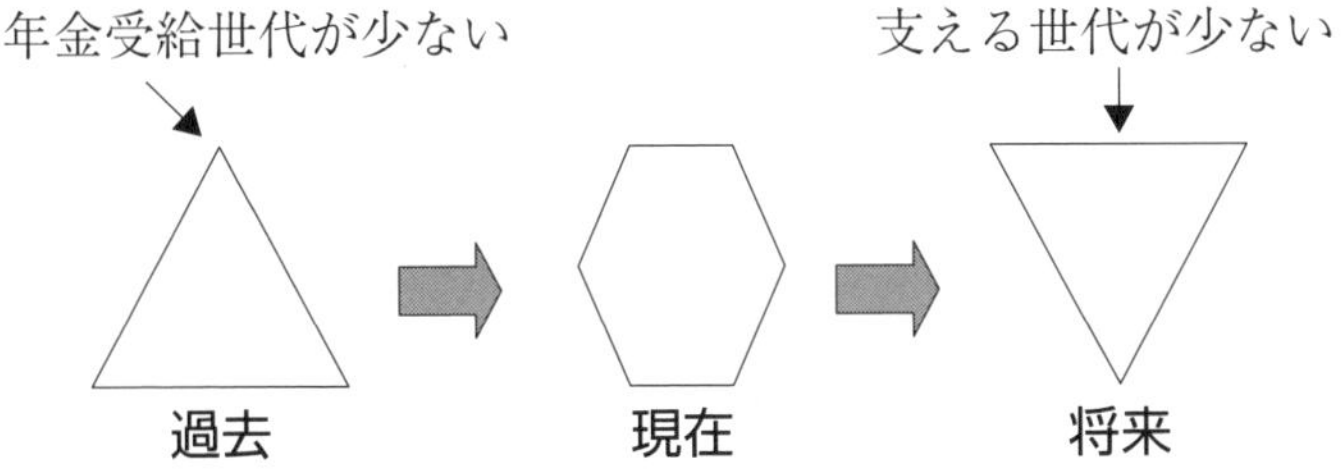

９人で１人を支える社会から，１人で１人を支える社会に変化し，**給付と負担のバランス**が崩れていく！──→消費税の引上げで財源確保

●女性の社会進出が少子化の原因だと言われることがありますが、納得がいきません。

少子化の原因は、多方面から考える必要があります。原因を取り除くために、さまざまなことが検討されています。金銭面の対策としては、法改正により、健康保険の**出産育児一時金や出産手当金**、雇用保険の**育児休業給付**が拡充されてきました。

年次有給休暇の取得率が低いことや、**非正規労働者の増加**も、これから解決していかなければならない問題です。**非正規労働者の数は、労働者全体の約４割を占める**と言われています。一昔前は、「結婚して子供を育て、家を買い、頑張ってローンを返済していく」という人が珍しくなかったのですが、今はどうでしょうか。また、**グローバル化、情報化**など、以前は考えられなかったほど便利な時代になりました。それだけ、何かと**お金がかかる時代**でもあります。大変ですが、できるだけ前向きに過ごしていきましょう。

●私は30代の会社員で、親と同居しています。子供を産む予定はないのですが、今の段階ですぐに関係がありそうな社会保障制度は何でしょうか。

少子化は、核家族化につながります。働き盛りの人の、介護による離職が、社会問題となっています。**介護保険**に関心を持つことをおすすめします。

【女性・子育てを応援する制度】

〔医療保険〕

出産育児一時金	胎児の数に応じて一時金を支給する
出産手当金	産前産後休業の期間について，所得保障を行う

〔雇用保険〕

育児休業給付	育児休業期間中の所得保障

〔年金〕

第３号被保険者	サラリーマンに扶養されている配偶者は個人負担なしで「自分の年金」ができる
保険料免除	国民年金は所得等に応じて，健康保険・厚生年金保険は産休・育休中は免除
離婚時の年金分割	相手の厚生年金保険料納付記録を最大で半分もらえる

●人生100年の時代になって、女性も何でもできると言われていますが、それをプレッシャーに感じることもあります。

「女性活躍」が推進されているといっても、世界を背負って生きる必要はありません。せっかく自由な時代に生まれたのですから、**自分の人生を生きましょう。**

平均寿命が伸び、年金の受給期間の長期化や医療費の増大が、緊急課題となっています。平均寿命は、終戦直後は50代でしたが、今は**男女とも80代**です。あと45年ほど経つと、日本国民の**2・5人に1人が65歳以上**になると予想されています。その頃、皆さんは何歳になっているでしょうか。

日本は欧米諸国に比べると、「合計特殊出生率が低く、高齢化率は高い」という傾向です。でも、忙しい現代女性が、それを毎日、一身に背負って生きているわけではありません。ご自分が**居心地よく**、**満足して生きていける道**を、少しずつ探してください。それが結果的に、「女性活躍」の実現になると思います。

●女性が節目の年齢として注意したほうがよい時期を教えてください。

20歳になった時には、厚生年金保険に入っていなければ、国民年金の**第1号被保険者か第3号被保険者**になります。

【平均寿命と社会保障給付費】

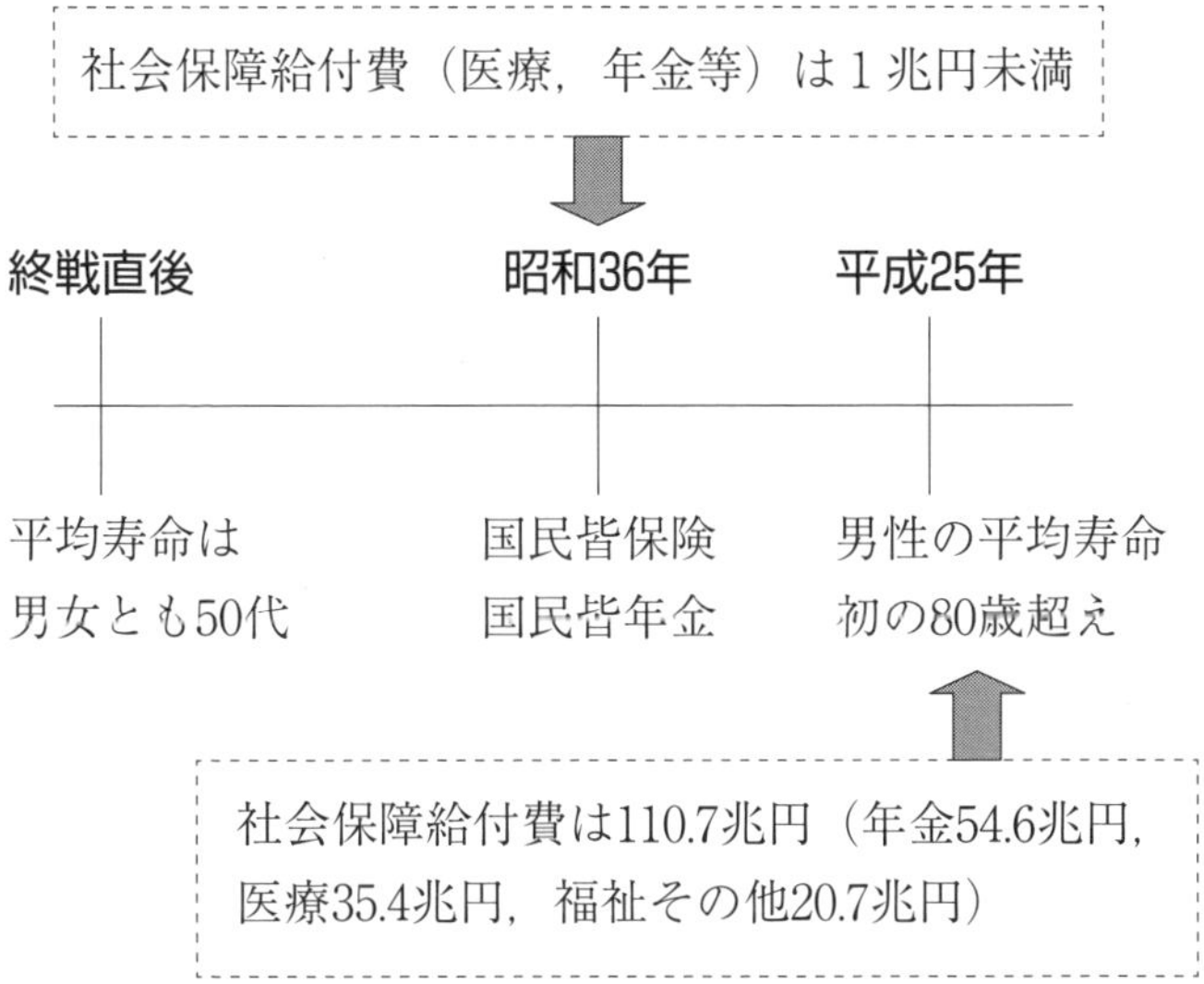
社会保障給付費（医療，年金等）は１兆円未満
終戦直後
昭和36年
平成25年
平均寿命は
男女とも50代
国民皆保険
国民皆年金
男性の平均寿命
初の80歳超え
社会保障給付費は110.7兆円（年金54.6兆円，
医療35.4兆円，福祉その他20.7兆円）

【少子高齢化の国際比較】

国名	合計特殊出生率	高齢化の速度
日本	1.43	24年
フランス	1.99	126年
スウェーデン	1.89	85年
イギリス	1.83	46年
ドイツ	1.40	40年

合計特殊出生率は2013年の数字。「高齢化の速度」は，総人口に占める65歳以上の人の割合が，７％を超えてからその倍の14％に達するまでの年数。

● 30代では、どんな注意点がありますか。

労働安全衛生法の定期健康診断のうち、一定の検査は、**35歳**の人については必ず行わなければなりません。**貧血検査**、**肝機能検査**、**血中脂質検査**、**血糖検査**、**心電図検査**などです。これは私の実感ですが、30代の後半になると体のリズムが変わりました。35歳という年齢は、ひとつの区切りとして妥当なのでしょう。年齢を重ねるにつれて、できることが増え、自信がついてきます。しかし同時に、不規則な生活になることもあるので気をつけなくてはなりません。40代からは骨の量が減っていくので、カルシウムの貯金も心がけましょう。

30代後半は、女性の労働力率を表す**「M字型カーブ」**の、底の部分としても有名です。女性の労働力率が最も低い年齢層は、長いこと30歳〜34歳でした。平成20年からは、これが**35歳〜39歳に移行**しています。

● 40代では、法律上、どんな出来事がありますか。

40歳になると、**介護保険料**の徴収が始まります。生活習慣病の予防・早期発見のための、**特定健康診査**という健康診断も始まります。一般には、**メタボ健診**と呼ばれています。糖尿病などを予防する生活を心がけていけば、将来の医療費を抑えることができます。

【節目年齢】

20歳
- 国民年金**第１号被保険者**（保険料納付）
- 国民年金**第３号被保険者**（保険料の個人負担なし）
- M字型カーブの左のピークは**25～29歳**

35歳
- この年は労働安全衛生法の定期健康診断で**貧血検査**などを必ず行う
- 35～39歳は**女性の労働力率が最も低い**

40歳
- これ以降は定期健康診断で**貧血検査**などを必ず行う
- **介護保険料**発生
- **特定健康診査**開始
- M字型カーブの右のピークは**45～49歳**

65歳
- **老齢基礎年金**受給開始
- 老齢厚生年金は在職中は調整あり
- 介護保険料は年金から天引き

75歳
- **後期高齢者医療制度**の対象者となる

●40歳になると、介護保険を使う必要がない人も介護保険料を徴収されるのですか。

介護保険は、**国民全体で制度を支える**という考え方になっています。加入の時期は、年齢で区分されています。**40歳以上65歳未満**の人は「**第2号被保険者**」として、医療保険の保険料と合わせて介護保険料を納めます。初老期認知症や脳血管疾患など、一定の疾病により必要が生じた場合には、65歳未満でも介護保険の保険給付を受けられます。**65歳から**は「**第1号被保険者**」となり、原則として年金から介護保険料が徴収されます。

●私は現在20代で、まだ年金については分からないことばかりなのですが、母にしっかり考えておくように言われました。年金って、どのくらいもらえるのでしょうか。

原則として、全国民に65歳から支給される**老齢基礎年金**は、平成28年度は年額で780,100円です。月額では65,008円ですね。**40年間**保険料を払い続けた人に支給されるのがこの金額です。**保険料を免除された期間**や、国民年金に未加入の期間などがあると、所定の計算方法により**減額**されます。

お勤めをして厚生年金保険に入った期間は、基本的に、同時に国民年金にも加入していますす。その期間は、国民年金の保険料が「納付済」という扱いです。

保険料を払った月数などは、毎年送付される「**ねんきん定期便**」で確認できます。

【国民年金の被保険者】

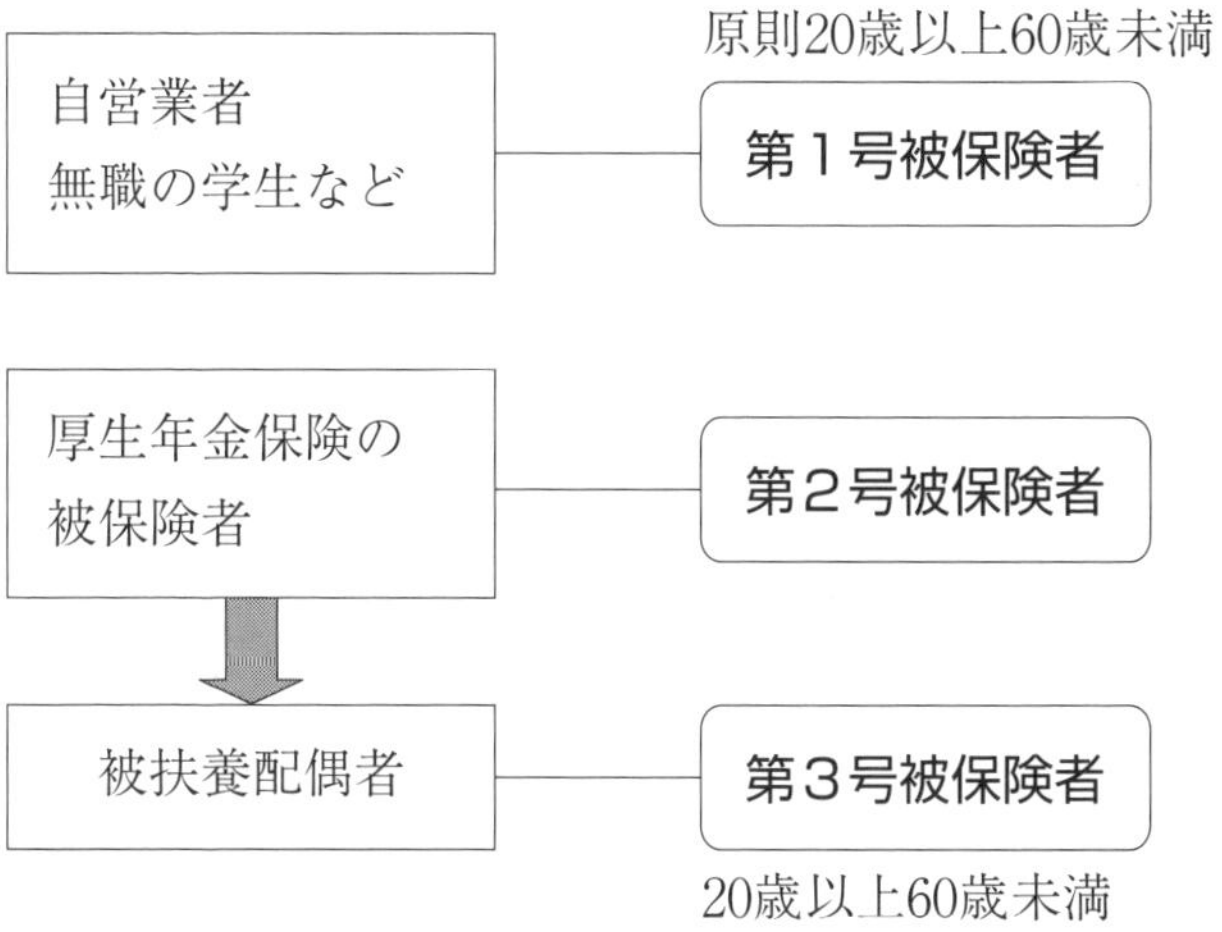

【老齢基礎年金・老齢厚生年金】

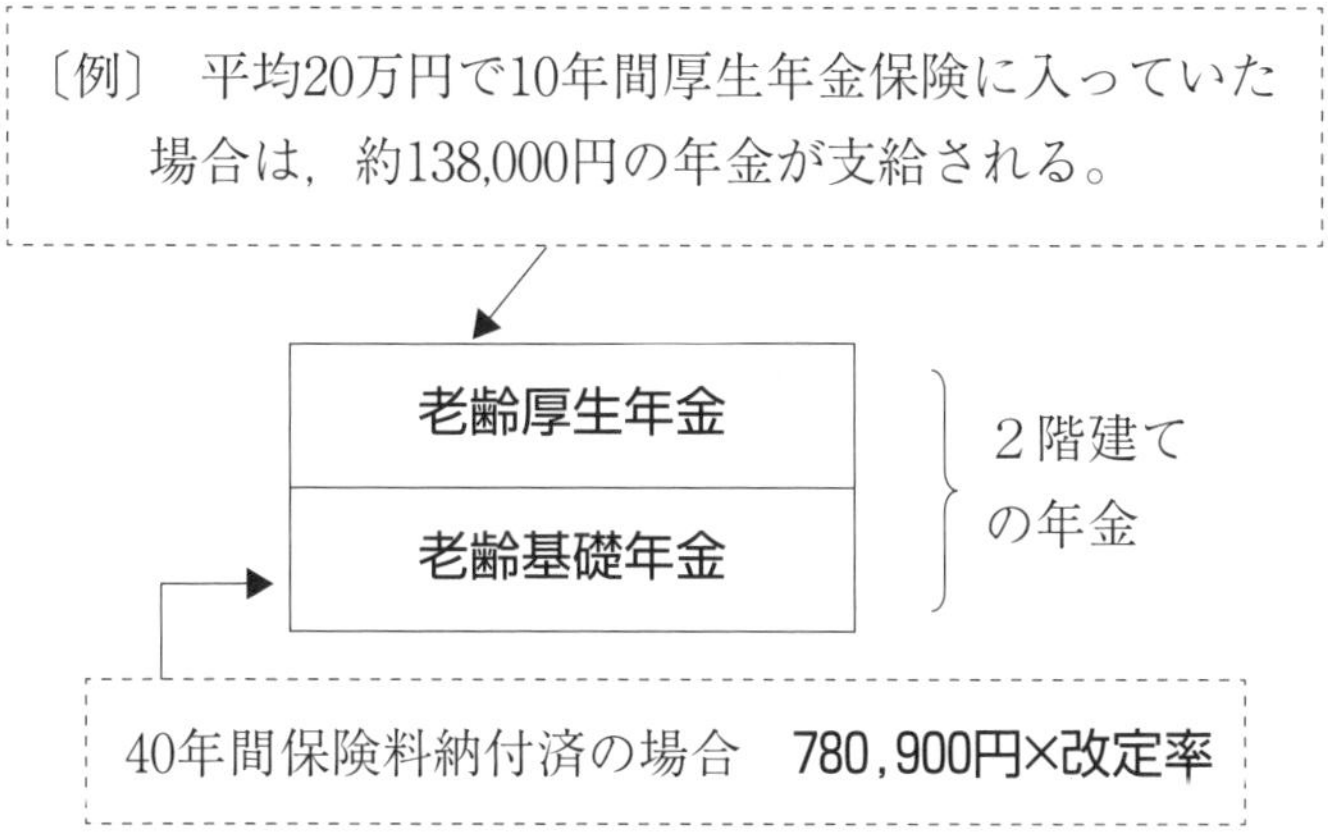

●月額6万円程度で、どうやって生活するのでしょうか。

厚生年金保険に加入していれば、**老齢厚生年金**も支給されます。老齢厚生年金は、お給料とボーナスの額を平均した金額や加入月数などにより計算されます。計算方法にはさまざまな経過措置がありますが、現在20代又は30代の女性なら、次の式で試算ができます。

平均標準報酬額×1000分の5・769×加入月数×従前額改定率

「従前額改定率」は毎年変わり、平成28年度は0・998等とされています。

老齢基礎年金も老齢厚生年金も、たとえ家から一歩も出られない状態になっても、100年以上の長生きをしたとしても、生きている限り支給されます。貯金や**個人年金**なども組み合わせて、若いうちから老後の計画を立てていきましょう。

「公的年金は何の保障にもならない」という声もあるようですが、ちょっと計算してみるだけでも、非常に**お得な制度**であることが分かります。次の例を見てください。

〔20歳から40年間、月額で約16、000円の国民年金保険料を納付〕

16、000円×480月＝768万円

〔老齢基礎年金は78万円で、これを85歳になるまで20年間受け取った〕

78万円×20年＝1、560万円

払ったお金に対して、2倍以上の給付を受けたことになります。

【老齢厚生年金の計算】

従前額改定率が「１」の場合

〔例１〕 **平均30万円**で**５年間**厚生年金保険に加入
30万円×1,000分の5.769×60月＝約103,000円

〔例２〕 **平均15万円**で**８年間**厚生年金保険に加入
15万円×1,000分の5.769×96月＝約83,000円

〔例３〕 **平均34万円**で**20年間**厚生年金保険に加入
34万円×1,000分の5.769×240月＝約470,000円

日本年金機構のHPはスマホによる試算にも対応
（https://www.nenkin.go.jp/n_net/n_net/20150331-03.html）

【35歳，45歳の時の「ねんきん定期便」】

○ これまでの**年金加入期間**
○ これまでの加入実績に応じた**年金額**
○ これまでの**保険料納付額**
○ これまでの**年金加入履歴**
○ これまでの厚生年金保険における**標準報酬月額**などの月別状況，これまでの国民年金保険料の納付状況

ねんきん定期便・ねんきんネット等専用ダイヤル
0570-058-555（050で始まる電話からは03-6700-1144）
月～金9：00～19：00，第２土曜9：00～17：00

●単純に1か月当たりで考えると「少ない」と感じますが、公的年金は死ぬまで支給されますから、計画しやすいということですね。

女性の平均寿命はもうじき90歳になる勢いですが、**年金は一生涯受け取れます。**老齢基礎年金の年額が70万円だとすると、65歳から90歳になるまでの25年間で受け取った場合は、生涯の受取額は1、750万円です。**受け取る時期を遅くして金額を多くすること**もでき、**70歳**から受け取ることにすると、**1・42倍**になります。もとの金額が70万円なら、994、000円に増えます。月額では約83、000円になります。

●私は早くから自営業で、厚生年金保険に縁がなさそうです。何か上乗せで準備しておきたいのですが……。

最も手軽に始められるのは、**付加年金**です。国民年金の第1号被保険者は、月々の保険料に加えて月額**400円**の**付加保険料**を納めることができます。将来の支給額は、「**200円×付加保険料を納めた月数**」です。たとえば、付加保険料を120月納めた場合には、48、000円（400円×120月）の納付となり、将来は、1年につき24、000円（200円×120月）の付加年金を受け取れます。**2年受け取れば元が取れる**ので、3年目以降は得をするという仕組みです。ちょっとしたお小遣いになりますね。

【老齢基礎年金の繰下げ（増額）】

老齢基礎年金は**65歳到達月の翌月分から**支給される（例：６月１日生まれの場合は５月31日に65歳になり，６月分から支給される）

↓

受け取るのを**１月遅くするごとに0.7%**の割合で，最大**42%（60月分）の増額**ができる

↓

年額70万円の年金なら，最大99.4万円に！

【付加年金】

		200円×月数
付加保険料　月400円	→	付加年金
国民年金保険料（月額で約16,000円）	→	老齢基礎年金

〔付加保険料納付の申出窓口は市区町村役場〕

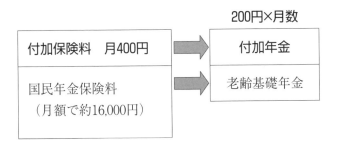

●国民年金基金というのも時々聞きますが、どんな制度ですか。

これも**老齢基礎年金の上乗せ**です。付加年金の代行として、平成3年から始まりました。1口目は**終身年金**で、**遺族一時金**が付いているタイプと、付いていないタイプがあります。支給額は、加入年齢によって異なります。たとえば、20歳で加入し、遺族一時金が付いている終身年金を1口目に選択した女性の場合は、月額約8、000円の掛金を59歳11か月まで納め、65歳から**月20、000円**が支給されます。同じタイプでも、35歳1月で加入すると掛金は月額約12、000円で、**年金月額は15、000円**です（誕生月以外の加入は原則加算あり）。2口目以降は、終身型と確定型を自由に組み合わせることができます。

●離婚する時は、相手の年金を半分もらえると聞きました。

厚生年金保険で平成19年から始まった、**「離婚時の分割」**ですね。**厚生年金保険の保険料納付記録**を分割します。単純に**「夫から妻へ分割」ではない**ことに注意が必要です。たとえば、あなたが厚生年金保険の被保険者で、婚姻期間中は夫を養っていたとなると、あなたの保険料納付記録が分割されてしまいます。また、「厚生年金の分割」ですから、お互いにずっと国民年金の第1号被保険者だったという場合には、関係がない制度です。

次に、働く女性からのご質問が多い内容をご紹介しましょう。

【国民年金基金】

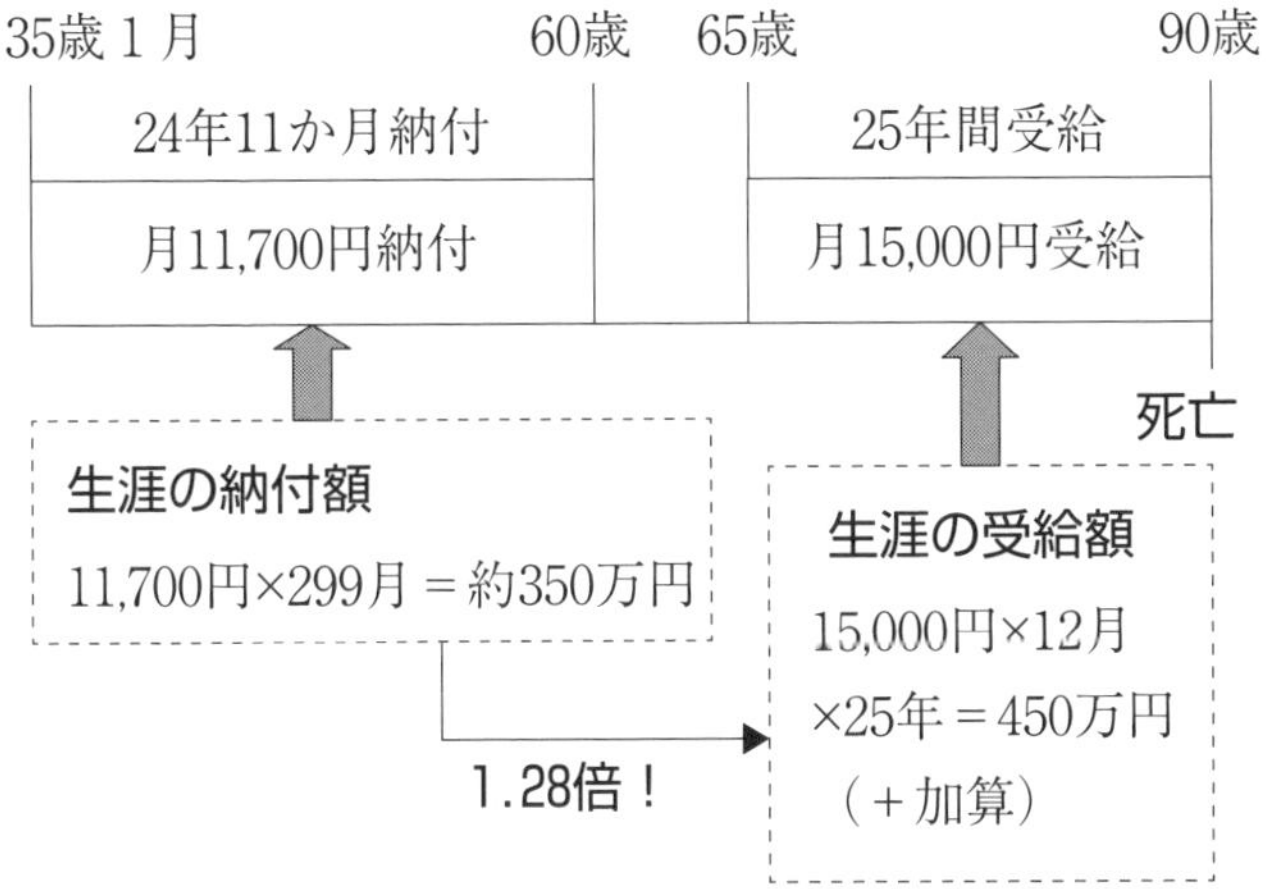
35歳１月
60歳
65歳
90歳
24年11か月納付
月11,700円納付
25年間受給
月15,000円受給
死亡
生涯の納付額
11,700円×299月＝約350万円
1.28倍！
生涯の受給額
15,000円×12月
×25年＝450万円
（＋加算）

国民年金基金連合会のHPで掛金と受給額の試算ができる。（http://www.npfa.or.jp/check/）

【離婚時の年金分割（共稼ぎの場合）】

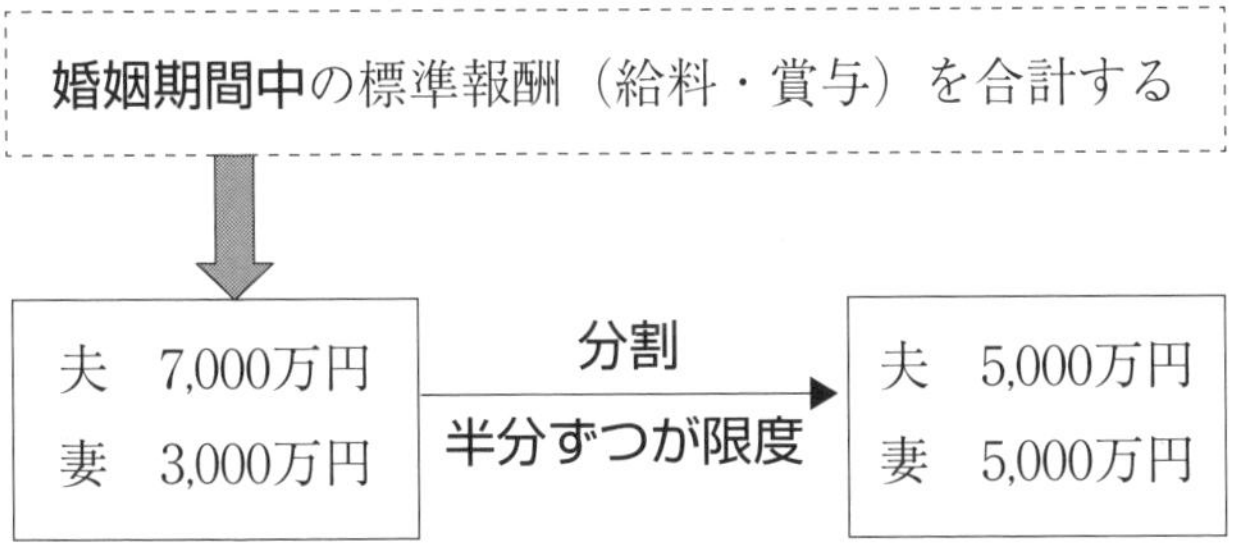
婚姻期間中の標準報酬（給料・賞与）を合計する
夫　7,000万円
妻　3,000万円
分割
半分ずつが限度
夫　5,000万円
妻　5,000万円

離婚から２年以内に請求しないと分割できない。

●私は、できれば出産のときにはいったん退職して、数年間は育児に専念してから再就職したいと考えています。再就職先が育児に理解があるとよいのですが不安です。

お子さんの帰宅時刻に合わせて働けると安心ですね。小学校低学年の間は帰宅時間が早く、学年が上がるとだんだん遅くなります。あなたはそれに合わせて、働く時間を少しずつ多くしたいと考えるでしょう。また、**学校の行事**は平日が多いので、それも気がかりですね。再就職先を探す時には、面接の段階でこのような点を相談し、相手の反応を見てみましょう。相手も、あなたの「用意された言葉」だけでなく、自然な表情を見たいと願い、探しています。

自分から聞くなんて緊張のあまりできない、という場合もあるでしょう。「ここは絶対に確認したい！」というポイントは、**事前にメモをしておく**と、話を進めやすくなります。ちなみに私の事務所では、学校の行事などの時には休んで大丈夫ですよ、と面接時にお伝えしています。「まさか、そんなふうに言ってもらえるとは思わなかった」と、皆さんおっしゃいます。実は**人を募集する側もすごく緊張している**のですが、それは一般的に知られていないかもしれませんね。私が一番気力・体力を使うのは、講義でも執筆でもなく、事務所のパートさんの面接です。仕事を探す側も人を探す側も、**「今日はよい出会いがあった」と感じられる面接**になるとよいですね。

【面接の注意点】

仕事を探す側が心がけたいこと

・それまでの経験をできるだけ丁寧に伝える。
・**今どのように働きたいのか率直に伝える。**
・必ず聞きたいことは事前に書いておく。
・**すべてが観察の対象になる**ことを意識して，落ち着いた言動を。

人を探す側が心がけたいこと

・**無理のない労働時間・労働日数**を誤解のないように確認する。
・**どんな質問をしてくるか**観察する。
・事前に用意された履歴書だけでなく，**その場での字の書き方**などを見ることも大切。これにより集中力の観察もできる。
・なかなか応募がない場合は求人票の見直しを。

●給料の面で考えると正社員になりたいと思うのですが、転勤はないほうが望ましいです。最近よく聞く限定正社員というのは、どのようなものですか。

政府が、「成長戦略」の一環として注目している言葉ですね。**労働契約の期間には定めがなく、勤務地、労働時間、仕事の内容などが限定的**になっています。これまでは「正社員」と「非正規社員」の両極端でしたが、その間に位置づけられます。正社員よりはお給料が安くなりますが、非正規社員ほどではありません。仕事の内容が限定されていますから、**自分のそれまでの経験を活かして活躍**することができますね。

限定正社員は、女性の力を活用するために、取り入れる企業が増えてきています。「**ジョブ型正社員**」とも呼ばれます。勤務地が限定されているため、「その支店などがなくなれば職を失う。解雇しやすい社員を増やすのが目的では」という指摘もあります。職を失う危険性というのは、実は誰にでもあるものなので、**メリットとデメリットのバランス**を考えながら選択していくことになるでしょう。

●限定正社員になると、年次有給休暇の日数は正社員より少なくなるのでしょうか。

年次有給休暇は、働くのが**週４日以下かつ週30時間未満**の人なら、付与日数が少なくなります。週５日以上の人や、週30時間以上働く人は、正社員と変わりません。

【正社員、限定正社員、非正規社員】

正社員

・契約期間の定めなし
・給料が安定している
・仕事の内容が広い
・労働時間が長い
・転勤が予想される
・保険が充実している

〔限定正社員〕
・契約期間の定めなし
・給料は正社員よりは低い
・仕事の内容，勤務地，労働時間等を限定
・各種保険の対象となる

非正規社員

・派遣
・契約社員
・パート
・アルバイト

・有期契約が多い
・給料が少ない
・各種保険の対象外であることが多い

第❷章

現代人の働き方と法律との関係

【労働基準法】

● 労働基準法では、賃金しか、男女差別を禁止していないそうですね。

労働基準法第4条に、そのように定められています。では、**賃金以外の男女差別**は放置されているのかというと、もちろんそうではありません。ここで登場するのが**男女雇用機会均等法**です。男女差別はあまりにも多くの場面で起こっているため、労働基準法の中にすべて書くのは適切ではありません。昭和61年に施行された男女雇用機会均等法では、最初に**定年**や**解雇**について男女差別を禁止し、その後の改正で禁止事項をどんどん増やしています。賃金の男女差別については、厚生労働省が、裁判例をもとにしたパンフレットを作成しています。

● 就職が決まり、「これをよく読んでください。」と、「労働条件通知書」というものを渡されました。どのような点に注意すればよいですか。

あなたがその会社に就職すると決めた一番の理由は、何でしょうか。まず、そこから読んでみましょう。**賃金**、**入社日**、**労働時間**などは、すでに説明を受けた内容と一致しているでしょうか。労働条件の変更の時にも同じ書類をやり取りすることになります。

【男女同一賃金の原則】

［労働基準法第４条］　使用者は，**労働者が女性であることを理由として**，**賃金に**ついて，男性と差別的取扱いをしてはならない。

↓

違反すると**6か月以下の懲役**又は**30万円以下の罰金**

〔最高裁判所の判例〕

①　**コース別雇用管理**による賃金体系を取り入れている企業で，「一般職は男性，事務職は女性」と区分。勤続期間が長く専門知識を身につけた女性は男性一般職と**同じ職務を行う**ことがあった。(平成21年)

②　重量物の運搬，選別・受入検査，行程検査等で，女性の賃金が，**勤続年数も年齢も同じ**男性より低い。(平成19年)

↓

①・②のいずれも，労働基準法第４条違反とされ，損害賠償請求が認められた。

厚生労働省パンフレット：
(http://osaka-roudoukyoku.jsite.mhlw.go.jp/library/osaka roudoukyoku/H24/kijyun/man_woman.pdf)

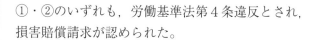

●労働条件通知書というのは、普段はあまり聞かない言葉ですね。

一般的には、「労働契約書」「雇用契約書」のほうが有名です。労働者と使用者という関係が、**契約**で成り立っているためです。労働者は労働力を売り、その対価として賃金を受け取ります。労働基準法では、「**労働の対償**として賃金を支払われる」といっています。

契約については民法に一般的なことが規定されていますが、そこでは契約の方式も内容も自由です。これを労使関係にそのまま持ち込むわけにはいかないので、労働基準法をつくり、労働者をしっかりと保護することにしたのです。

労働基準法第15条では、労働契約締結の際に、使用者が一定の事項を、**書面の交付により明示する**ことを義務づけています。これが労働条件通知書で、**労働契約の期間**が有期か無期か、**所定労働時間を超える労働**はあるかどうか、などが明示されます。

●所定労働時間というのは、その会社の定時と考えればよいのでしょうか。

所定労働時間は、**始業時刻**から**終業時刻**までの「**拘束時間**」から、**休憩時間**を引いた時間です。パートさんなら、たとえば午前10時から午後2時まで、と契約することがありますね。これも所定労働時間です。午後2時より後まで働くことがあるなら、「所定労働時間を超える労働あり」となります。

【労働条件の明示】

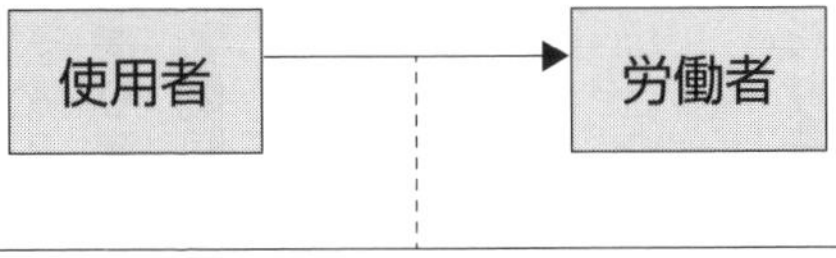

①労働契約の期間，②有期労働契約の更新の基準，③就業の場所，従事すべき業務，④始業・終業の時刻，**所定労働時間を超える労働の有無**，休憩時間，休日，休暇等，⑤賃金の決定・計算・支払方法・締切日・支払時期，昇給，⑥退職(解雇の事由を含む)
⇒これらを必ず明示！「昇給」以外は書面を交付

労働条件通知書の見本，厚生労働省
(http://www.mhlw.go.jp/topics/2007/06/dl/tp0605-1l.pdf)

事業主・人事労務担当者の方へ　ここがポイント！

労働基準法は罰則付きで，労働者保護のための強行法規です。「労働者のことしか考えていない」と嘆く事業主さんもいらっしゃるかもしれません。反対の面から考えてみると，「使用者は労働基準法に書いてあることを守れば，最低限のことはやっていることになる」といえます。労働基準法を知ることは事業を守ることに直結しますので，お気軽に社労士にお尋ねください。

●労働基準法では、労働時間は1日8時間までという基準を設けていると聞きましたが、私が勤めているところでは、9時間と決まっている日もあれば、10時間と決まっている日もあります。これはどのような仕組みですか。

変形労働時間制と呼ばれる仕組みです。まず、労働基準法の原則的な基準を考えてみましょう。労働基準法では、1日の労働時間は休憩時間を除いて**8時間まで**、1週間では原則**40時間まで**と定められています。これを**法定労働時間**といいます。法定労働時間より多く働く場合には、**割増賃金**や**36協定**の問題が生じます。**前問**の「所定労働時間」は、基本的には法定労働時間に収まるように定められます。ただ、日や季節によって繁閑の差が激しい場合などには、必要な手続きを踏んだうえで変形労働時間制というものを使います。

●変形労働時間制には、どんな種類があるのですか。

一番有名なのは、**フレックスタイム制**でしょう。労働者が、出社時刻も退社時刻も決められる制度です。また、1週間では無理でも、1か月を平均すれば法定の枠に収まる場合には、**1か月単位の変形労働時間制**を使います。それでも無理なら、1年を平均して1週40時間に収まるように計画を立て、**1年単位の変形労働時間制**を使います。イベント会場に近く常時30人未満の飲食店などでは**1週間単位**の変形も使えます。

【労働時間】

〔法定労働時間〕 1日8時間まで 1週40時間まで	⇒ 特例事業は1週 44時間まで（後述）

変形労働時間制

①で収まらない場合は③

① **1か月単位**⇒特定の週に法定超えで，特定の日に8時間超えで労働させることが可能。

② **フレックス**⇒始業・終業の時刻を労働者に任せる。

③ **1年単位**⇒1か月超え1年以内の範囲で，1週平均40時間に収まるように定めて運用する。

④ **1週間単位**⇒10時間労働の日を設けて他の日は短くする。合計で1週40時間まで。

事業主・人事労務担当者の方へ　ここがポイント！

変形労働時間制は便利な仕組みですが，変形期間が長いと，労働者が疲れやすくなると考えられます。たとえフレックスタイム制を導入している場合であっても，休憩をきちんと取っているか目を配ってあげてください。

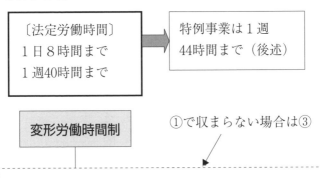

●所定労働時間が1日9時間、10時間など長くなるのは、どの変形労働時間制ですか。

10時間までであれば、フレックスタイム制以外のいずれも考えられます。**10時間を超えているようであれば**、あなたが隔日勤務のタクシー運転者でない限り、答えは**「1か月単位の変形労働時間制」**となります。1か月単位の変形労働時間制は、1日や1週間の、労働時間の限度がありません。**1年単位の変形労働時間制は1日10時間**（前述のタクシー運転者は16時間）、**1週52時間**が限度です。**1週間単位の非定型的変形労働時間制は、1日10時間、1週40時間**が限度です。なお、変形とは別の話ですが**「専門業務型裁量労働制」「企画業務型裁量労働制」**では、あらかじめ定めた時間、労働したものとみなします。

●職場で変形労働時間制が導入されたら、必ずそれによって働かないといけませんか。

妊娠中の女性や産後1年を経過しない女性が請求した場合には、**1か月単位・1年単位・1週間単位**の変形によって、**法定労働時間を超えて労働させてはならない**とされています。1日10時間と定めた日でも8時間で帰してあげなさい、ということです。フレックスタイム制の場合は、このような規定はありません。フレックスタイム制は、労働者が出社・退社の時刻を決められるためです。

なお、妊娠中の女性と、産後1年を経過しない女性を合わせて、**妊産婦**といいます。

【裁量労働制とは】

仕事をどのように進めるか，時間配分をどのようにするか，労働者の裁量にゆだねる

専門業務型	新商品の研究開発，デザイナー，ゲーム用ソフトウェアの創作，弁護士，税理士の業務などが対象
企画業務型	事業の運営に関する事項についての，企画，立案，調査及び分析の業務が対象

あらかじめ「1日9時間」と定めた場合には，**実際に何時間働いたとしても**9時間とみなされる。

事業主・人事労務担当者の方へ　ここがポイント！

裁量労働制では，労働者の健康及び福祉の確保，苦情の処理が重要です。企画業務型では労働者の同意も必要です。また，休憩，休日，深夜業の管理を，しっかり行ってください。

●変形労働時間制では、育児や介護を行う人への配慮はされるのでしょうか。

労働基準法施行規則に「必要な時間を確保できるような配慮をしなければならない。」と定められています。対象者は、**育児**を行う人、**老人等の介護**を行う人、**職業訓練又は教育**を受ける人等です。この配慮義務は、**1か月単位**の変形労働時間制、**1年単位**の変形労働時間制、**1週間単位**の非定型的変形労働時間制により労働させる場合に適用されます。**フレックスタイム制**の場合は、労働者が自分で時間を調整できますから、適用されません。

●従業員7人の飲食店で働いています。労働時間が1週44時間なのですが、労働基準法上の問題はないのでしょうか。

はい。あなたのお勤め先は、「特例事業」に該当します。**常時10人未満**の労働者を使用する、次の4業種は、**1週44時間まで**認められています（満18歳未満の者は除く）。

① **商業**
② **映画・演劇業（映画の製作の事業を除く）**
③ **保健衛生業**
④ **接客娯楽業**

飲食店は、④の接客娯楽業に含まれます。

【労働時間と，お産・育児・介護等の関係】

妊産婦が請求したら法定超えの労働はさせられない

1か月単位の変形労働時間制
1年単位の変形労働時間制
1週間単位の変形労働時間制

フレックスは除外！

育児，介護，職業訓練，教育等への配慮

事業主・人事労務担当者の方へ　ここがポイント！

労働者の方々が，「仕事以外の時間にも何かしたい」と積極的に考える時代になっています。変形労働時間制を導入している場合に限らず，たとえば学校に行きたいと相談されることがあるでしょう。せっかくの会話のチャンスですから，よく話を聞いてあげてください。普段は口にしない，仕事上の目標も，直接聞けるかもしれません。労働時間は，労働者の方が大変関心が高いところです。一人一人の働き方や目標を把握していくことが，最終的に，企業を守ることにつながります。

●所定労働時間と法定労働時間の違いがまだよく分からないのですが、残業代との関係はどうなっていますか。

それでは、ここからは、割増賃金について考えてみることにしましょう。まず、割増賃金には、次の3種類があります。

①　**時間外労働**……通常の賃金の2割5分以上（月60時間超えは原則5割以上）
②　**休日労働**………通常の賃金の3割5分以上
③　**深夜労働**………通常の賃金の2割5分以上

1時間分のお給料が1，000円の人なら、①の時間については1，250円、②の時間については1，350円となります。③は、時間外であり、かつ、深夜時間帯に働いたなら、①と合わせて1，500円となります。

●私は1日7時間労働で、仕事がなかなか終わらない日は8時間働きます。この場合には、割増賃金は支払われますか。

1日だけで考えた場合には、**法定の8時間**に収まっていますから、割増賃金は発生しません。**所定外であって法定内**といわれる部分です。ただ、結果的にその週について法定労働時間を超えると、割増賃金が発生します。

【所定労働時間と法定労働時間】

このあとも働くと法定労働時間外となる。
午後10時～午前５時（原則）は**深夜時間帯**。

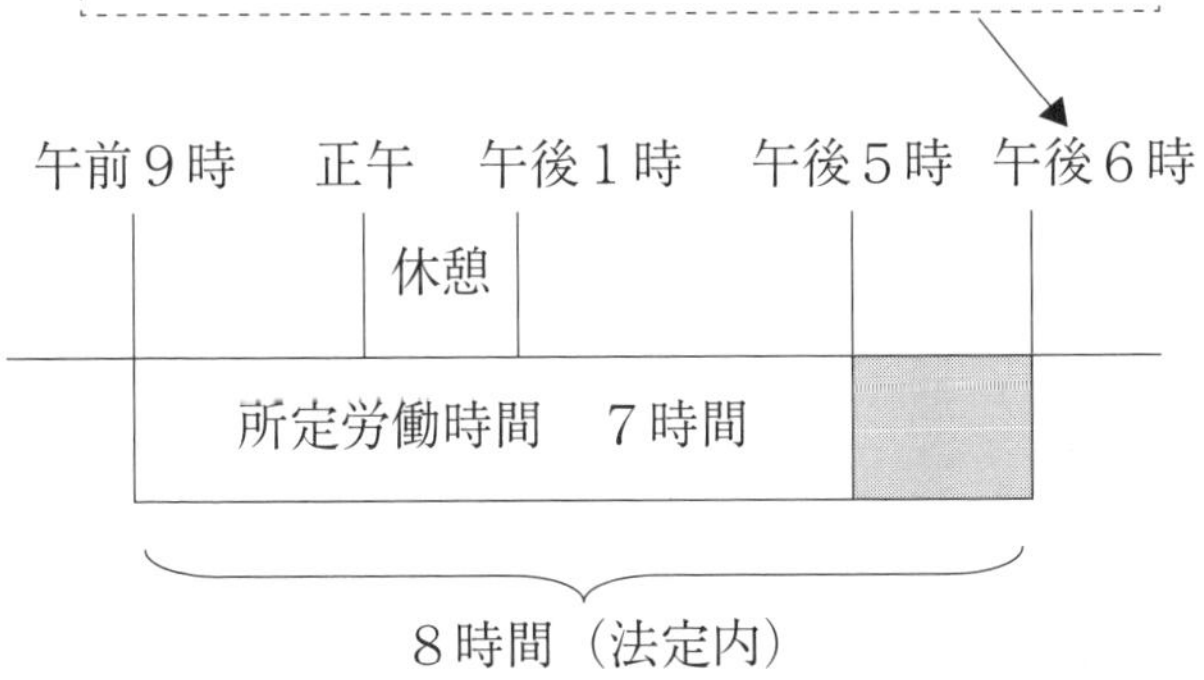
午前９時
正午
午後１時
午後５時
午後６時
休憩
所定労働時間　７時間
８時間（法定内）

時間外労働

休日労働

割増賃金の支払が必要。非常災害の場合を除き，**３６協定**の締結・届出等も必要になる。

事業主・人事労務担当者の方へ　ここがポイント！

３６協定に関しては，労働者側の代表者の選出方法も含めて，厳密な定めがあります。届出をしたら，その控を，毎年必ず保存するようにしてください。

●時間外労働は何となく分かりましたが、休日労働というのは、本来は休みの日に働いたら該当するという理解でよいですか。

ここは労使共に注意が必要です。労働基準法で「休日」という言葉を使うときには、次のいずれかの意味に限定されています。

① 毎週少なくとも1回の休日（原則）

② 4週間を通じ4日以上の休日（例外）

休日労働の割増賃金は、この「休日」に休めず、働いた場合に発生します。たとえば、週3日という契約で働いているパートさんが、ある週に4日働いたとしても、それは労働基準法でいう休日労働ではありません。複雑ですね。もちろん、労働したわけですから、通常の賃金の支払義務は生じます。

●振替と代休は、本来は別の意味だと聞きました。

一般には混同される場合が多いのですが、別の意味で使う言葉です。そうはいっても、なかなか難しいところです。**労働基準法上の「休日」**に労働する場合に、**あらかじめ**代わりの休みを定めていれば、**「振替」**となります（その日だけでみれば割増賃金なし）。**事後**に代わりの休みを与えた場合は**「代休」**となり、**休日労働の割増賃金**が発生します。

【休日労働】

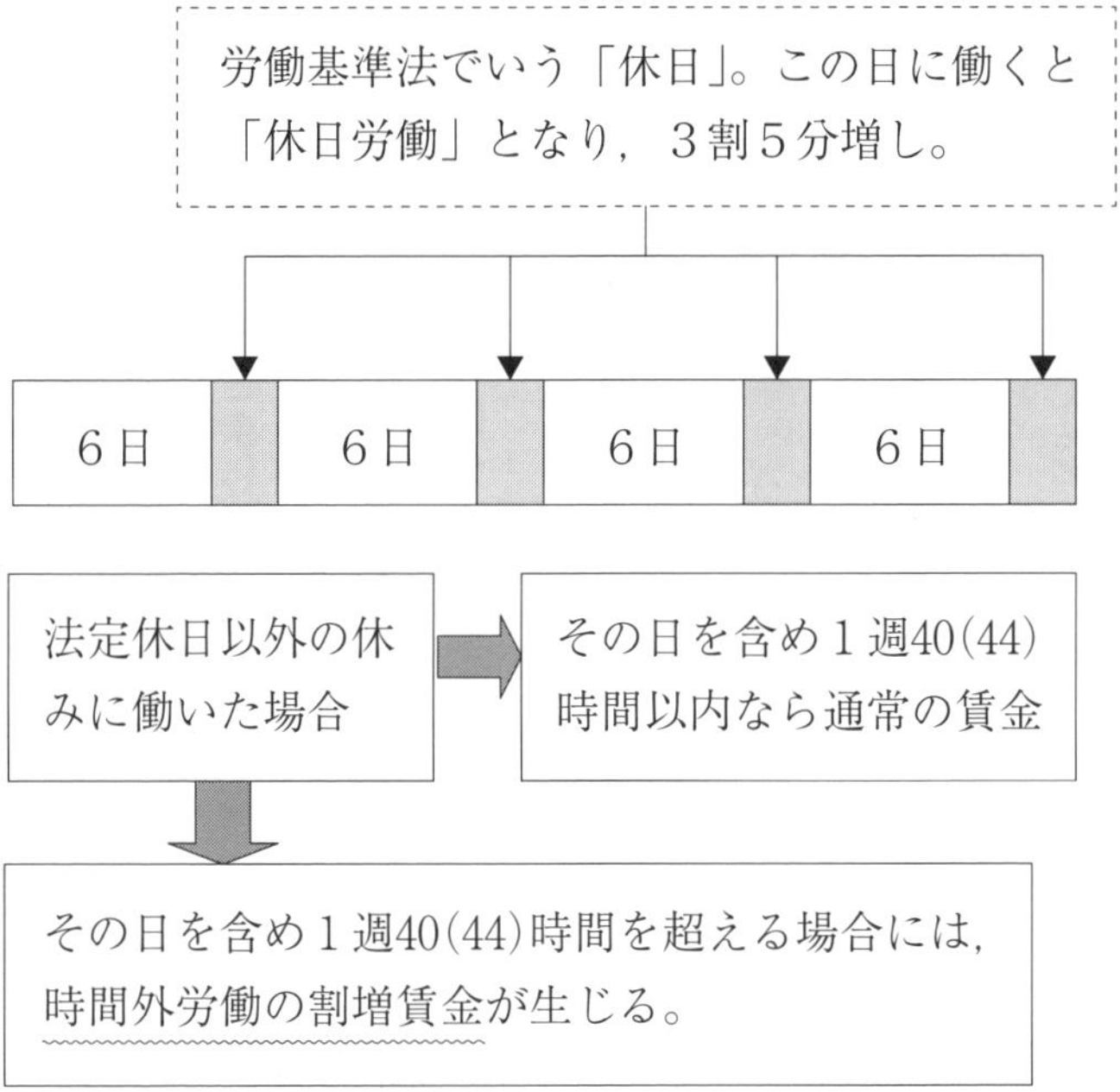

事業主・人事労務担当者の方へ　ここがポイント！

「休み」の日に働いた場合に，それが休日労働になるのか，時間外労働になるのか，それとも通常の賃金のみでよいのか，というのは頭の痛いところです。労働者さんからご質問があったら，社労士に相談するなどの段階を経たうえで，誤解のないように慎重にお返事をしてください。

●1日4時間の契約の場合は、休憩時間はないのでしょうか。

1日6時間以内の労働の場合には、休憩時間がありません。

●今度、管理職に就きました。それは嬉しいのですが、「これからは残業代も休憩もないからね」といわれました。本当なのでしょうか。

いわゆる名ばかり管理職ではなく、実態の伴った管理監督者なら、労働基準法第41条により、次の部分の**適用が除外**されます。

① **労働時間**
② **休憩**
③ **休日**

残業代というのは、法定労働時間を超えて働いた場合や、法定の休日に働いた場合に支払われます。**労働時間や休日の規定が適用されないと**、それはつまり、「時間外労働や休日労働は、理屈上あり得ない」ことになります。ただ、**深夜時間帯の割増賃金は適用されますから**、よく確認してください。また、休憩の規定が適用されないとはいっても、倒れてしまっては意味がありません。これまでのように規則的に休憩が取れる状態ではなくなりますが、その分、自主的にリフレッシュを心がける必要があるでしょう。

【休憩】

労働時間６時間以内	なし
労働時間６時間超え８時間以内	45分
労働時間８時間超え	１時間

【労働基準法第41条に該当する管理監督者】

労働時間	これらに関する規定は適用しない ⇒時間外労働・休日労働の割増賃金なし
休憩	
休日	

深夜業の割増賃金，年次有給休暇は適用あり

事業主・人事労務担当者の方へ　ここがポイント！

休憩については，労働時間が６時間以内なら確かに与えなくてよいのですが，実際には人間の集中力は，そんなに続くものではありません。集中力の低下は，ミスや事故につながります。休憩なしで契約している方には特に注意を向ける，労働基準法よりよい条件で休憩を与えるなど，工夫してみてください。

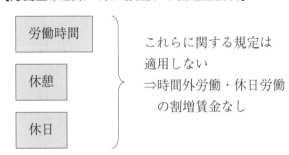

●労働基準法第41条の管理監督者になると、妊娠中でも深夜労働をしなければなりませんか。

法41条該当者でも、**深夜業については制限されます。使用者に請求**すれば、深夜業が免除されますので、安心してください。深夜業は健康への影響が大きく、たとえば夜勤中心で働いていた看護師さんでも、妊娠すると日勤に切り替えることが多いようです。

時間外労働と休日労働については、法41条該当者にはもともとそのような概念がないので、制限されません。つまり、長時間にわたって労働することや、休みがなかなか取れないことが予想されます。労働基準法はこのように、母体保護の面から疑問が残るところもあります。労働基準法で保護されていないからといって、決して無理をすることのないように気をつけてください。

●妊娠中に、従来の仕事が辛くなった場合については、労働基準法に何か定めがありますか。

使用者は、**妊娠中の女性**が請求した場合には、**他の軽易な業務に転換**させなければなりません。ただ、新たに軽易な業務を創設してまで与える義務はないとされています。「他の軽易な業務」とは、原則として、女性が請求した業務だとされています。

【妊産婦】

軽易な業務への転換を請求できる

↑

妊娠中の女性

産後１年を経過しない女性

→ 妊産婦

↓

・深夜業の制限を請求できる。
・変形による法定超えの労働，非常災害・３６協定による時間外労働・休日労働の制限を請求できる（管理監督者は請求できない）。

事業主・人事労務担当者の方へ　ここがポイント！

妊産婦が請求した場合には，３６協定による時間外労働や休日労働も制限されます。ただし，請求がない場合には，時間外労働や休日労働をさせても，労働基準法違反にはなりません。労働者さんの体調を把握し，コミュニケーションをよくしておくことが大切です。

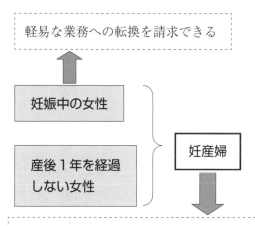

●労働基準法では、出産予定日以前の期間は原則として6週間休めるようですが、それより前から体調が悪くなった場合には、どうしたらよいでしょうか。

これは、男女雇用機会均等法の話になり、相談窓口も**雇用均等室**になります。女性労働者が健康診査等を受け、医師等から指導を受けた場合は、その指導事項を守ることができるようにするため、必要な措置を講じることが事業主に義務づけられています。具体的には、次の3つが挙げられます。

① **妊娠中の通勤緩和**
② **妊娠中の休憩に関する措置**
③ **妊娠中又は出産後の症状等に対応した作業の制限、勤務時間の短縮、休業等の措置**

厚生労働省では、「女性労働者の母性健康管理のために」というパンフレットを作成していますので、参考にしてください。厚生労働省のホームページには、「均等法Q＆A」というページもあります。こちらも参考になるでしょう。

ただ、病院でいわれた注意事項を、正確に勤め先に伝えるというのは、難しいことですね。ほとんどの母子健康手帳には、**「母性健康管理指導事項連絡カード」**の様式が記載されています。これを、担当のお医者様に記入してもらってください。

出産に関することは、第3章でもご紹介しています。

【母性健康管理】

事業主は

→ その雇用する女性労働者が母子保健法の規定による保健指導又は健康診査を受けるために**必要な時間を確保することができるようにしなければならない。**

義務

↓ その雇用する女性労働者が保健指導又は健康診査に基づく指導事項を守ることができるようにするため，**勤務時間の変更，勤務の軽減等必要な措置を講じなければならない。**

義務

事業主・人事労務担当者の方へ　ここがポイント！

「通勤緩和，休憩に関する措置について，医師等による具体的な指導がない場合や症状等に対応する措置について，指導に基づく措置内容が不明確な場合」は，「女性労働者を介して担当の医師等と連絡をとり，判断を求めるなどの対応が必要」とされています。

厚生労働省「女性労働者の母性健康管理のために」
（http://www.mhlw.go.jp/stf/seisakunitsuite/bunya/koyou_roudou/koyoukintou/seisaku05/index.html）

● 育児時間は、短時間労働者にも認められますか。

認められます。育児時間は原則として**1日2回30分ずつ**ですが、1日4時間以内の労働の場合は、**1日1回のみ30分**とされています。そうすると、たとえば1日6時間の労働の人は、2回取れることになりますね。

育児時間は授乳の時間とされ、**女性労働者に限定**されています。「イクメン」という言葉がすっかり定着しましたが、労働基準法はいまだに「昔ながらの考え方」が残っているようです。

● PMS（月経前症候群）は、生理休暇の対象になりますか。

労働基準法第68条の生理休暇は、**「生理日の就業が著しく困難な女性」**を対象としています。厚生労働省に問い合わせたところ、生理日前の症状について生理休暇を認める通達は出ていない、という回答でした。生理日ではない日について「生理休暇」を請求された使用者がそれを拒んでも、違法ではありません。特に取り決めがなければ、生理以外の体調不良という扱いになるでしょう。**年次有給休暇**を充てる場合もあります。

ＰＭＳは仕事で活躍できる時期に症状が重くなることが多いようです。**一人で悩むのは禁物**です。薬や、食生活の見直しなどで軽減されますので、試してみてください。

【生理休暇】

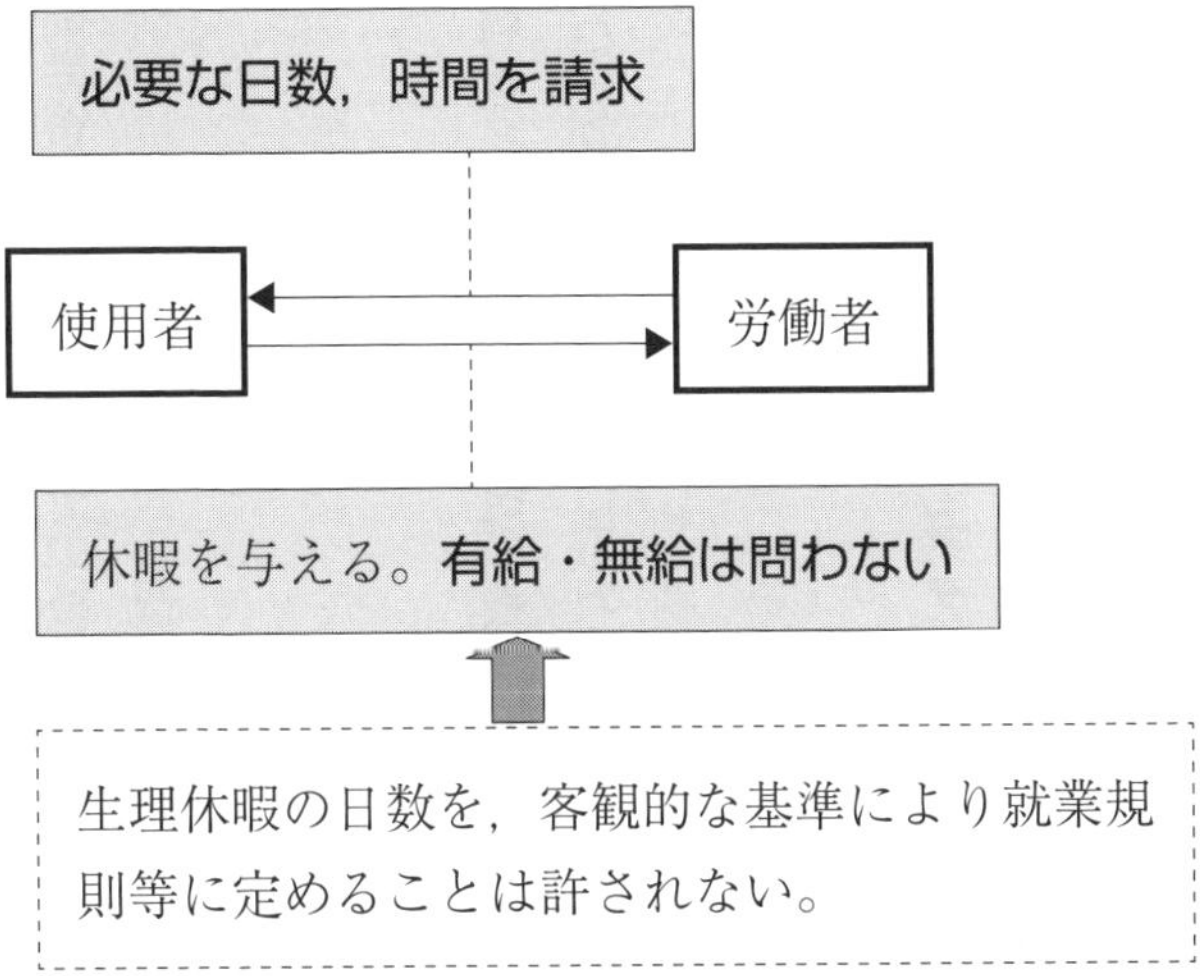
必要な日数，時間を請求
使用者
労働者
休暇を与える。有給・無給は問わない
生理休暇の日数を，客観的な基準により就業規則等に定めることは許されない。

事業主・人事労務担当者の方へ　**ここがポイント！**

女性が働き続けることが増えた一方で，体調が悪くても言い出せずに悩む女性が多くなっています。ＰＭＳは，頭が重い，集中力が低下する，何もかもいやになるなど，深刻な症状が表れます。ＰＭＳだと気づかずに，自分の性格などを責めてしまう女性もいます。現代女性はこのような悩みを抱えながら働いていることを，ぜひ労務管理の知識のひとつに加えてください。辛くてたまらない日があっても，みんな，何とかして働いて，食べて（生きて）いきたいのです。

●**産前産後の期間は、解雇制限があるそうですね。**

産前産後休業の間と、**その後30日間**は、使用者は、労働者を解雇することができません。「産前」は出産予定日以前**6週間**（多胎妊娠は**14週間**）、「産後」は出産の翌日から**8週間**です。ほかに、業務災害による傷病の治療のため休業している人も、その期間とその後30日間が、解雇制限期間となっています。

●**賃金支払日が毎月25日の会社に勤めていました。6月10日に退職しましたが、賃金は6月25日になるまで受け取れませんか。**

あなたが使用者に請求した場合には、使用者は、**7日以内**に賃金を支払わなければなりません。これは、労働基準法第23条**「金品の返還」**に規定されています。

●**有期労働契約について教えてください。契約期間には上限はあるのですか。**

期間の定めのある労働契約を締結する場合には、原則として**3年**が上限とされています。ただし、次の場合には**5年**が上限です。

① 高度の専門的知識を有し、それを必要とする業務に就く場合
② 労働者が満60歳以上の場合

【解雇】

産前産後休業

業務災害で治療のため休業

→ その期間と，その後30日間は解雇できない

ただし

①天災事変等で**事業の継続が不可能**となり**労基署長の認定**を受けた場合，②業務災害について打切補償を支払う場合には，解雇制限が解除される。

【契約期間】

3年又は5年が上限

業務災害で治療のため休業中でも延長されず期間満了で労働契約が終了する（**解雇制限の適用なし**）。

事業主・人事労務担当者の方へ　ここがポイント！

解雇も有期労働契約も，トラブルになりやすい事項です。有期労働契約については，何度も契約を更新している人であっても，当初からの契約書をすべて保管しておきましょう。

●3年の労働契約を締結した人が、雇入れから2年6か月の時点で業務災害のため治療しながら休業することになった場合には、契約期間は延長されますか。

残念ですが、延長されません。この場合には、解雇制限の規定の適用はなく、当初の契約期間が満了したところで労働契約が終了します。なお、労働契約が終了しても、引き続き、労災保険法の保護は受けられます。

●有期労働契約を締結した場合には、期間の途中で退職することはできますか。

それができる人と、できない人がいます。**3年契約が上限の人は、契約期間の初日から1年を経過した日以後、いつでも退職することができます。**平成16年の法改正の前は、契約期間の上限は原則として1年でした。その名残で、1年を区切りとして、労働者の退職の自由を規定しています。

5年契約が可能な人には、たとえ5年間でなくても、有期労働契約を締結してしまうと、**この退職の自由がありません。**たとえば、62歳の時点で3年契約を締結した人が、1年経って退職したいと申出をしても、退職することができないのです。

ただ、ご家族の事情などで、どうしても退職しなければならない場合もあるでしょう。その場合には、使用者とよく相談してください。

【有期労働契約】

労働契約

① 期間の定めのないもの
② 一定の事業の完了に必要な期間を定めるもの
③ ②以外の有期労働契約

↓

③のうち，**契約期間の上限が３年の人**は，**１年経過日以後**は申出によりいつでも退職できる。

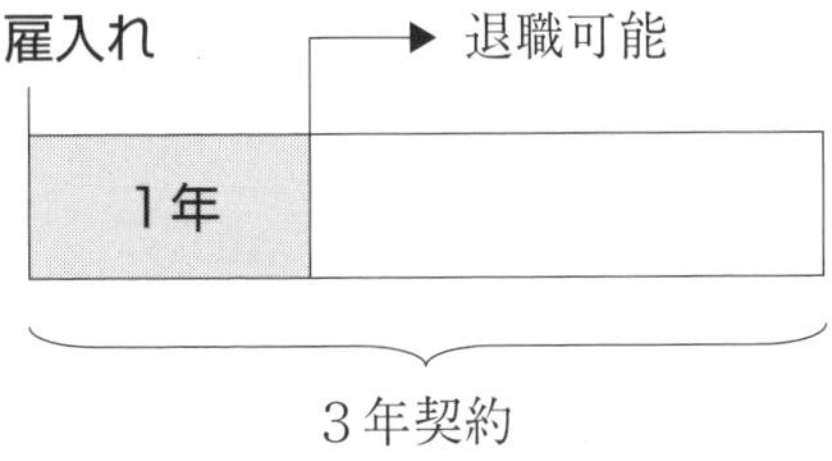

事業主・人事労務担当者の方へ **ここがポイント！**

有期労働契約では，お互いに契約の内容を理解していることが特に大切になります。１回だけの契約の場合は，「更新しない」ということを明確にしておきましょう。

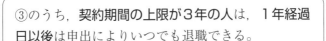

●有期労働契約は原則として3年が上限とされているそうですが、不安なので4年などと特別に長くしてもらうことはできますか。

3年契約が上限の人について、特例で長く認める規定はありません。仮に4年の契約をしたとすると、その契約は、**部分的に無効となります**。契約期間の「4年」だけが無効で、そのほかは有効です。契約期間は労働基準法の基準に合わせて、**自動的に3年となります**。

なお、契約の更新は認められていますが、それについてさまざまな問題が生じています。

●契約社員は不安定な身分だといわれながら、なぜ、3年という上限を設けているのでしょうか。

長期労働契約による人身拘束を防ぐためだといえます。

3年を超えるとその部分が無効になるという考え方に、不満を抱く方もいらっしゃるかもしれません。しかし、労働基準法全体を考えてみると、どうでしょうか。労働時間、賃金の支払などについて、さまざまな**最低基準**を定めています。その基準に達しない労働契約の部分は、**労働基準法の基準に引き上げられます**。これは、労働者の方にとっては有利だといえますね。長期に労働者を拘束しないように、という規定も、**労働者を守るためのもの**なのです。

【労働契約と労働基準法の関係】

4年間の契約 → 労働基準法の基準に達しない

労働基準法に合わせて3年契約とする。
契約の他の部分は有効。

この「**部分無効自動引上げ**」の考え方は，最低賃金法にもあり，**労働者保護**に役立っている。

事業主・人事労務担当者の方へ　ここがポイント！

最低賃金法と労働者災害補償保険法，それに労働災害を防止するための労働安全衛生法は，いずれも労働基準法から分かれた法律です。労働基準法は「最低基準」がキーワードで，労働基準法の内容を上回る条件は，もちろん違法ではありません。最低基準を知ることは，労働者さんとのよい関係につながり，結果的に，生産性の向上に役立ちます。

●年次有給休暇を取るための条件について教えてください。

次の要件を満たすと、原則として**10労働日**の年次有給休暇の権利が発生します。

① 雇入れの日から**6か月間継続勤務**したこと

② 雇入れの日から6か月間、**全労働日の8割以上出勤**したこと

たとえば、4月1日に入社した人は、9月30日までで6か月間ですね。①・②の要件を満たせば、10月1日から翌年9月30日までの1年間に、10日間の休みを有給で請求することができます。その後は、**1年ごと**に要件を見ます。雇入れの日から**6年半継続勤務**すると、**20労働日**となります。**週4日以下かつ週30時間未満**の勤務形態の人は、付与される日数が少なくなります。これを、比例付与と呼んでいます。

●比例付与の年次有給休暇の日数は、どのくらいなのですか。

週4日（又は年169日〜216日）勤務の場合は**7日〜15日**、**週3日**（又は年121日〜168日）勤務の場合は**5日〜11日**、**週2日**（又は年73日〜120日）勤務の場合は**3日〜7日**、**週1日**（又は年48日〜72日）勤務の場合は**1日〜3日**です。一番小さい数字は6か月継続勤務し要件を満たした場合の日数で、一番大きい数字が6年半継続勤務し要件を満たした場合の日数です（週1日勤務の人は4年半継続勤務で3日付与）。

【年次有給休暇】

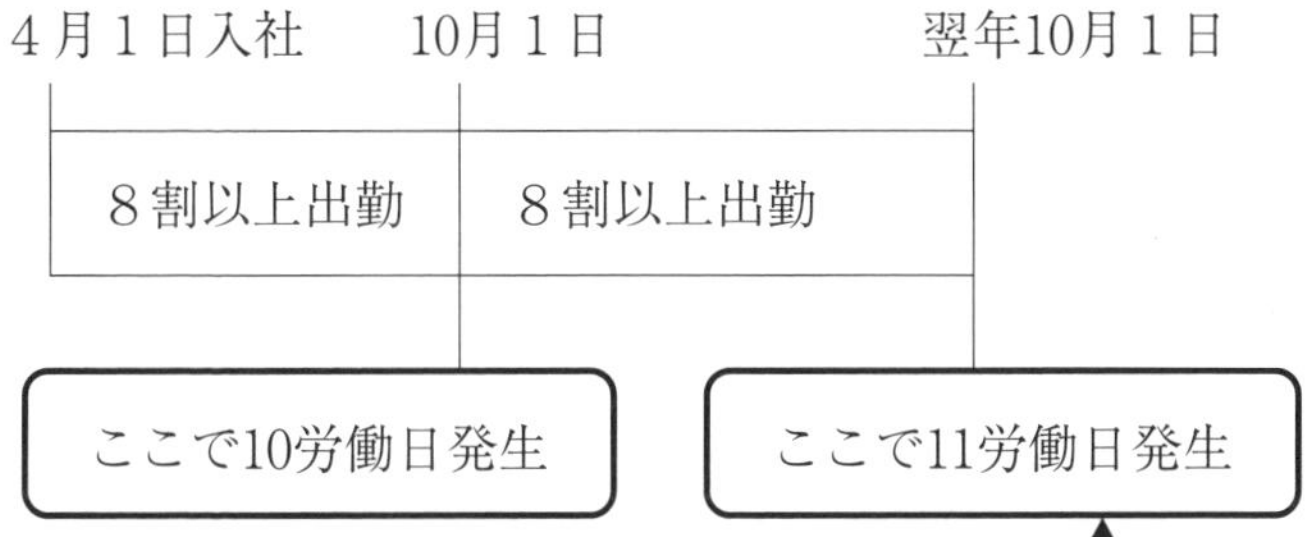

継続勤務年数	年次有給休暇
6か月	10労働日
1年6か月	11労働日
2年6か月	12労働日
3年6か月	14労働日
4年6か月	16労働日
5年6か月	18労働日
6年6か月	20労働日

事業主・人事労務担当者の方へ　ここがポイント！

継続勤務年数には，試用期間も含まれます。継続「出勤」が条件ではないため，休職期間なども通算されます。定年後再雇用や在籍出向も，継続勤務年数の通算の対象となります。

●病気で1年間休んだ場合には、継続勤務年数は通算されますか。

通算されます。**継続勤務年数は、在籍している限り、中断されないのです。**たとえば、2年半継続勤務したものの、出勤率8割以上の要件を満たさないと、そこから1年間の新たな年次有給休暇の権利は発生しません。その後、**雇入れから3年半継続勤務した時点で**はどうなるかというと、出勤率を満たしていれば、原則として**14労働日**発生します。

●正社員の期間とパートタイマーの期間は、継続勤務年数として通算されますか。

通算されます。継続勤務年数でポイントとなるのは、**「在籍」**です。たとえば、週1日の勤務形態で1年間継続勤務した人が正社員となった場合には、週1日勤務の期間と正社員の期間が通算されます。

労働者の管理という面からみれば、入社日、本採用の日、職種が変わった日など、さまざまなスタート地点が考えられます。正社員からパートタイマーに変わった日や、その反対にパートタイマーから正社員に変わった日も、印象深いスタート地点となるでしょう。保険の資格取得や資格喪失の手続きが生じることもあります。しかし、年次有給休暇については、**「在籍期間かどうか」**を考えます。勤務形態を問わず、「労働者」を広く保護する、労働基準法の特徴といえるでしょう。

【年次有給休暇の継続勤務年数】

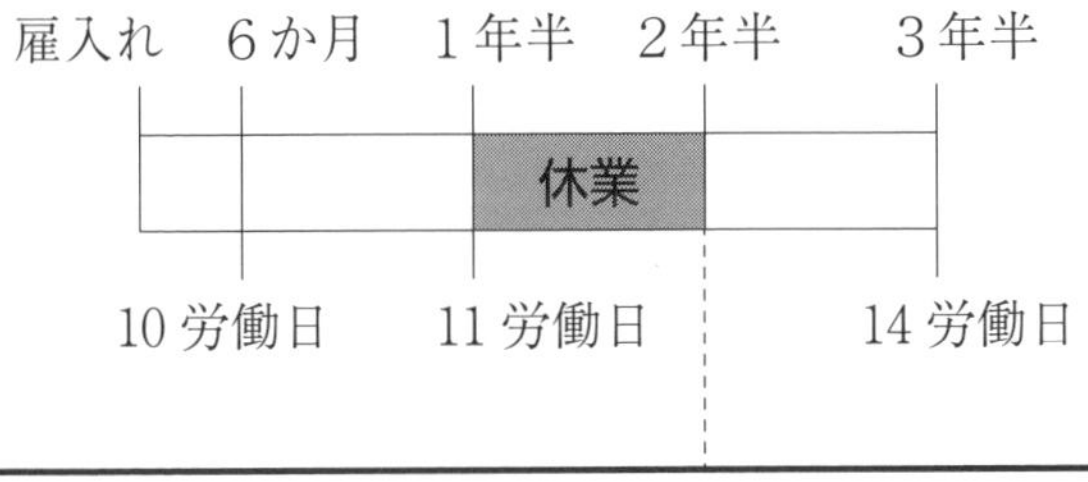

直前の1年間が出勤率8割未満のため，この時点では，年次有給休暇（12労働日）が発生しない。

継続勤務年数	年次有給休暇
6か月	10労働日
1年6か月	11労働日
2年6か月	**12労働日→0**
3年6か月	**14労働日**

事業主・人事労務担当者の方へ　ここがポイント！

年次有給休暇は，労働者の皆さんが関心が高い事項のひとつです。「年次有給休暇表」（有休管理台帳）をつけておきましょう。島根労働局のホームページなどに見本があります。

http://shimane-roudoukyoku.jsite.mhlw.go.jp/

●出勤率をみるときの「全労働日」は、人によって違うのですか。

全労働日は、**暦の日数から、所定休日を除いた日数**です。所定休日というのは、**働く義務がない日**です。これを分かりやすくするために、週3日のパートさんについて、1年間の出勤率を考えてみましょう。月・水・金の3回、毎週出勤することになっている場合には、月に12日前後の**所定労働日数**となります。年間で考えると、お盆休みなどもあるので、130日～140日といったところでしょうか。そのうちの8割以上を、出勤しておく必要があるということです。仮に130日の所定労働日があるとすると、8割は104日となります。

これが、週休2日の勤務形態になると、土日が休みだとして、それを全部365日から引いても260日ぐらい働きます。ほかにお盆休みなどを引いて、所定労働日数が年間250日だとすると、その8割は200日となります。この場合は、200日以上出勤していないと、年次有給休暇の要件を満たすことができません。

このように、**「全労働日」は、人によって異なります**。友達同士のおしゃべりで、年次有給休暇の話をしているのをよく見かけますが、お互いに「あれ?」と感じることがあるかもしれませんね。

なお、**遅刻や早退があっても、出勤した日として算入されます**。

【年次有給休暇の出勤率】

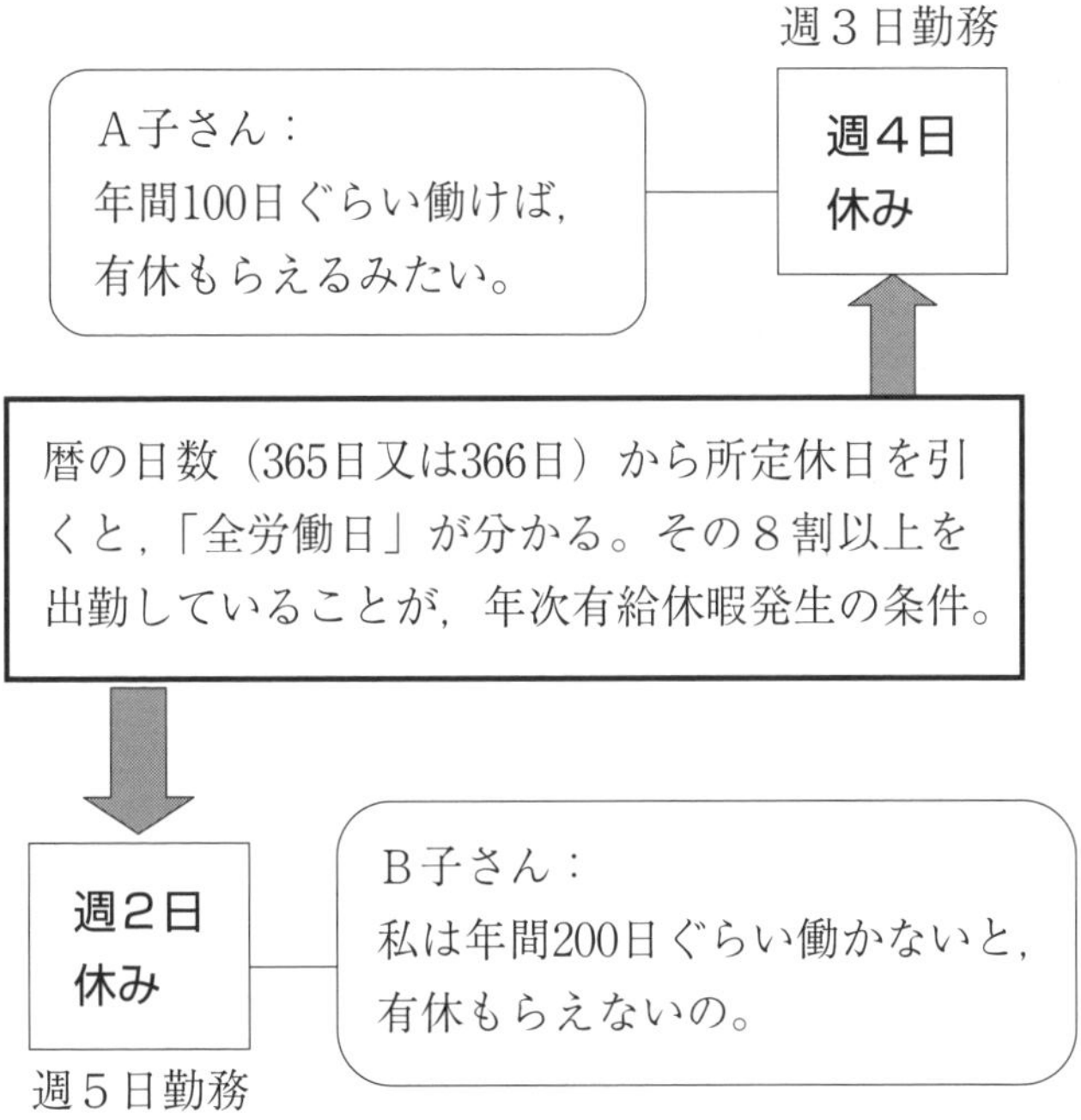
週３日勤務
A子さん：
年間100日ぐらい働けば，
有休もらえるみたい。
週４日
休み
暦の日数（365日又は366日）から所定休日を引くと，「全労働日」が分かる。その８割以上を出勤していることが，年次有給休暇発生の条件。
週２日
休み
週５日勤務
B子さん：
私は年間200日ぐらい働かないと，
有休もらえないの。

事業主・人事労務担当者の方へ　ここがポイント！

労働者さん同士，又は友達同士で，年次有給休暇などについて情報交換をするのは，よくあることです。トラブルを防ぐため，公平な対応を心がけてください。これは，労働基準法などの法令に基づいた対応をすることによって実現できます。

● 年次有給休暇の出勤率は、お産などで休んだ期間はどうなりますか。

次の期間は、実際には休んでいますが、年次有給休暇の出勤率の算定では**「出勤した」とみなされます。**

① **業務上負傷**し、又は**疾病**にかかり**療養のために休業**した期間
② **産前産後休業**の期間
③ **育児休業**をした期間
④ **介護休業**をした期間
⑤ **年次有給休暇を取得**した日

これらの日が出勤扱いになると知っておくと安心ですね。なお、①は仕事中のケガや職業病を指します。**通勤中**のケガなどは含まれません。また、育児・介護休業法には原則として年5日の**「介護休暇」**、**「子の看護休暇」**もありますが、これらは出勤扱いされません。

● 年次有給休暇は入社してから6か月経過が条件だということですが、それより早く有休をもらっている人もいるようです。なぜですか。

労働基準法は労働条件の**最低基準**を定めています。法定を上回る労働条件は、違法ではないのです。また、法定分の一部を早めに与える**分割付与**なども認められています。

【年次有給休暇の出勤率】

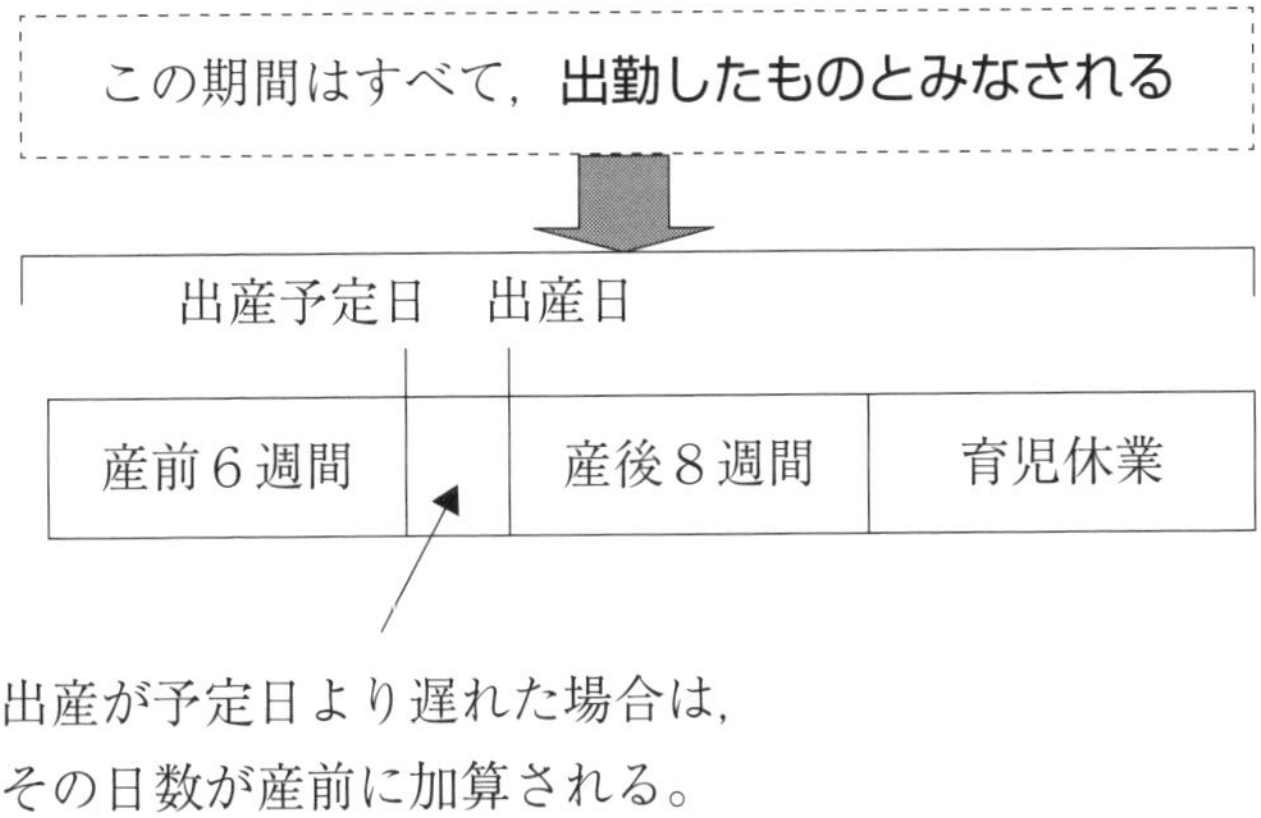
この期間はすべて，出勤したものとみなされる
出産予定日
出産日
産前６週間
産後８週間
育児休業
出産が予定日より遅れた場合は，
その日数が産前に加算される。

通勤災害，私傷病，介護休暇，子の看護休暇は，出勤扱いされない。

事業主・人事労務担当者の方へ　**ここがポイント！**

労働基準法では，年次有給休暇の最低基準を示しています。法定を上回る分についてどのように取り扱うのかは，労使間で定めることができます。その場合も，対処しやすいように，明確に定めて，それに基づいて運用してください。なお，所定休日に働いた分は，出勤率の算定に含めません。

●年次有給休暇は最高で原則として20日だそうですが、40日も残っている人がいると聞きました。なぜですか。

年次有給休暇の**消滅時効**が、**2年**とされているためです。労働基準法では、消滅時効を次のように定めています。

① 退職手当以外の請求権は2年間
② 退職手当の請求権は5年間

退職手当というのは、一般にいう退職金のことです。年次有給休暇の請求権は、①に入ります。年次有給休暇は、**6年半継続勤務**すると、原則として**20労働日**付与されます。それを、1年間、まったく使わない人もいます。7年半継続勤務の時点で20労働日残っていれば、**新たに発生するのも20労働日**ですから、**合わせて40労働日**というわけです。

●年次有給休暇は必ず入社日で管理するのですか。

全員を入社日で管理すると、毎月のように年次有給休暇の計算をしなければなりません。それでは、あまりにも煩雑ですね。これを解決するため、一律の**基準日**を設けることが認められています。たとえば、毎年1月1日を基準日とすれば、出勤率の算定は、1月1日から12月31日までの期間と決めて行うことができます。

【年次有給休暇の基準日管理】

〔例〕10月１日雇入れで１月１日が基準日の場合⇒雇入れから６か月を待たずに年次有給休暇の付与要件を判断することになる⇒雇入れ～12月31日は**実際の出勤実績**。翌年の１月１日～３月31日は**全て出勤したものとみなして**出勤率を算定する。

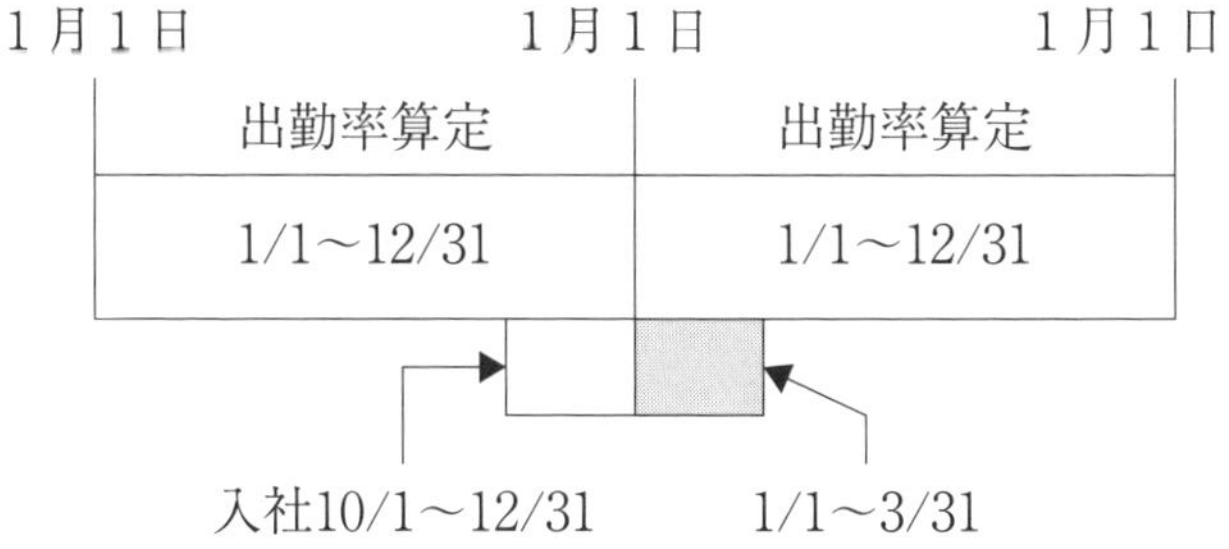

事業主・人事労務担当者の方へ　ここがポイント！

基準日管理は，最初の付与だけは注意が必要ですが，２年目からは一律に考えられるので，事務が楽になります。１月１日が基準日で，たとえば５月１日に雇い入れた人については，その年の11月１日に原則10労働日，翌年１月１日に11労働日付与となります。年次有給休暇は退職時に残日数を聞かれることが多いと思いますが，落ち着いて数えてからお返事をしてください。

● 年次有給休暇は、半日単位や時間単位でも取れるのですか。

半日単位での付与は、法定ではありませんが、**労働者が希望して使用者が同意**し、適切に運用されるのであれば認められます。使用者が同意しなければ、原則の、1日単位での消化となります。

時間単位での取得は、平成22年から始まりました。これは法律に定めがあり、**労使の協定に基づいて実施**します。**時間単位での取得は年5日まで**に限定されていますが、たとえばお子さんのことで急に学校へ行かなければならない時などに、利用できそうですね。法律は、忙しい現代人の生活に合わせて、随時改正されています。

● 正社員からパートタイマーになると、年次有給休暇として使える日数はすぐに減るのですか。

年次有給休暇が20労働日付与されてから1年間が経つ前に、週4日で1日6時間の勤務に変わったとします。この場合には、当初付与された20労働日という日数は、**付与から1年経つまでは変わりません**。1年経ち、新たに年次有給休暇が付与される時には、**比例付与の15労働日**となります。反対に、比例付与の対象となっていた人が年の途中で週5日勤務などに変わった場合は、その時点で急に年次有給休暇が増えるわけではありません。

【年次有給休暇の付与後に勤務形態が変わった場合】

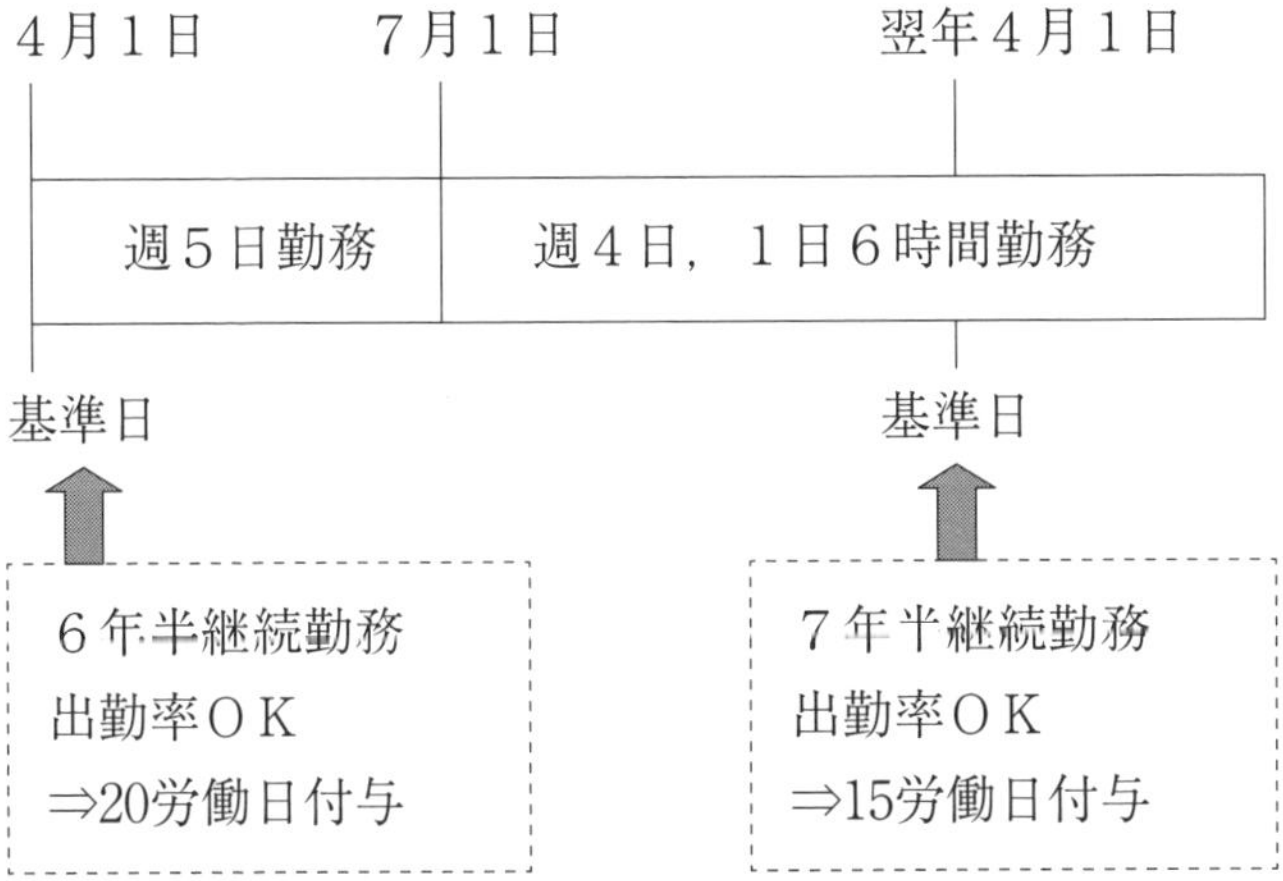

付与日数は基準日の勤務形態によって決まる

事業主・人事労務担当者の方へ　ここがポイント！

労働者の方の勤務形態が変わるのは，よくあることです。労働条件の変更は，年次有給休暇の基準日と合わせて行われるわけではないので，最初は戸惑うかもしれません。年次有給休暇はお金の話ですから，労働条件の中でも，トラブルになりやすいもののひとつです。社労士さんと相談しながら，慎重に扱ってください。

●パートタイマーの場合には、年次有給休暇の賃金は1日何時間分で計算されますか。

年次有給休暇の賃金は、就業規則その他これに準ずるもので定めるところにより、**平均賃金か、所定労働時間労働した場合に支払われる通常の賃金**を支払うこととされています。ただし、労使協定で、**「標準報酬月額の30分の1」**に当たる額を支払うと定めたときは、必ずそれによらなければなりません。標準報酬月額というのは、健康保険・厚生年金保険の保険料算定などのもとになるランクづけです。

パートタイマーについて問題になるのは、「所定労働時間労働した場合に支払われる通常の賃金を支払う」と定めている場合でしょう。たとえば、月曜日は6時間労働で、水曜日と木曜日は3時間労働という場合には、どうなるでしょうか。通常の賃金というのは、**出勤した場合に働くべきだった時間分の賃金**ということです。月曜日に年次有給休暇を取得すれば6時間分の賃金となり、水曜日か木曜日なら3時間分となります。

●派遣労働者は、誰に対して年次有給休暇を請求すればよいのでしょうか。

派遣元の使用者に請求してください。派遣労働者は、**派遣元の使用者と労働契約関係に**あります。お金に関することは派遣元、と覚えておくとよいでしょう。繁忙期の場合に、代わりの人を手配する、といった調整も派遣元が行います。

【平均賃金】

直前３か月間の賃金の１日平均を算出する。年次有給休暇，解雇予告手当，労災保険の休業補償給付など，さまざまなお金の支払いの基礎となる。

〔例〕５月31日に労災発生，賃金締切日は20日⇒２月21日～５月20日の３か月分で計算する。

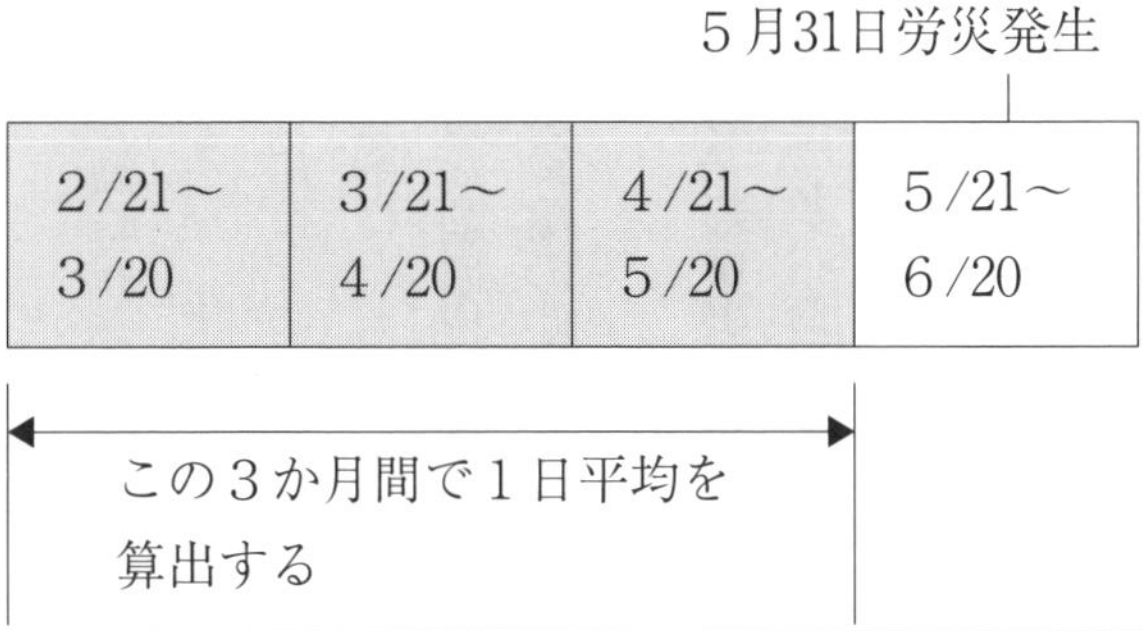

事業主・人事労務担当者の方へ　ここがポイント！

平均賃金を算定する時には，業務災害による治療のための休業・産休・育児休業・介護休業の期間と試用期間を除いてください。休業手当（平均賃金の６割）の対象となる，「使用者の責めに帰すべき事由による休業」の期間も除きます。これらは，賃金がゼロであるか，賃金が低い期間なので，平均的な賃金の算定に入れるには，ふさわしくないのです。

●2か所で掛け持ちで働く日は、労働時間はどのように計算されますか。残業代は出るのでしょうか。

労働基準法第38条1項に、「労働時間は、**事業場を異にする場合においても、通算する。**」と定められています。たとえば、午前中に4時間配達の仕事をして、午後に飲食店で5時間働くとします。この場合には、労働時間は通算され、9時間となります。問題は、1日8時間を超えるため、割増賃金はどちらで支払われるのかということです。これについては、**後に働く事業場の使用者が割増賃金を支払う**こととされています。また、**36協定の締結・届出の義務も、後の事業場の使用者**が負います。

●最近、政府が力を入れている、裁量労働制では、残業代は生じないのですか。

裁量労働制には、「専門業務型」と「企画業務型」の2種類があります。いずれも、一定の手続きにより定めた時間、**「労働したものとみなす」**制度です。たとえば、1日9時間と定めた場合には、**実際の労働が7時間でも10時間でも、9時間とみなします。**1日8時間を超えるため、時間外労働の割増賃金が、毎日1時間ずつ生じます。疲れがたまりやすい働き方なので、**労働者の健康・福祉の確保**をしっかりすることが求められます。

【労働時間の通算】

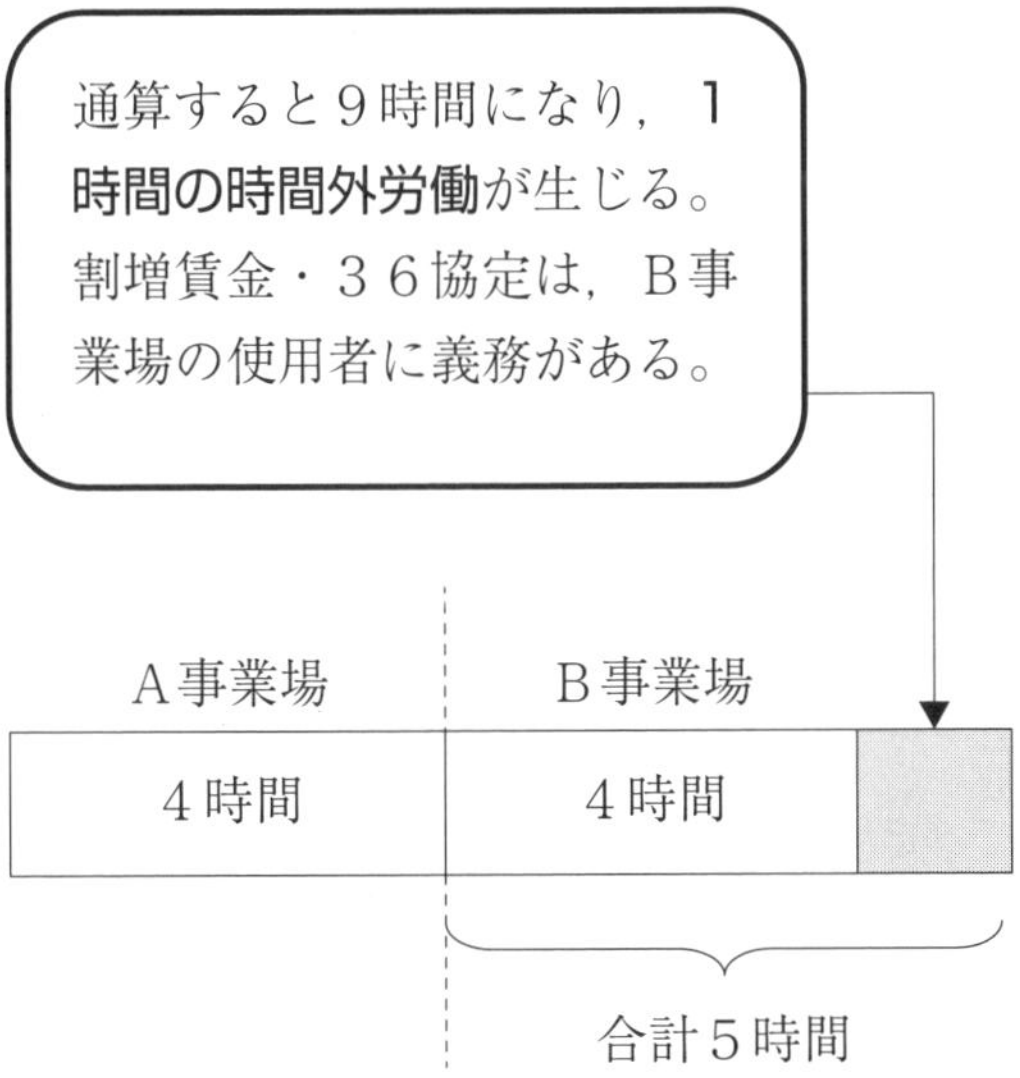
通算すると9時間になり，**1時間の時間外労働**が生じる。割増賃金・36協定は，B事業場の使用者に義務がある。
A事業場
B事業場
4時間
4時間
合計5時間

事業主・人事労務担当者の方へ　ここがポイント！

生活に不安を感じて複数の仕事を持つ人が多い時代です。「副業がばれると本業をクビになる」と考え，副業を隠しながら無理をして働くこともあります。そうすると疲労がたまり，事故につながりやすくなります。注意力・集中力の低下が見られたら，早めに声をかけてください。人は，「この会社は自分を見てくれている」と感じた時に満足します。

【労働安全衛生法】

●労働者の安全や健康については、どの法律に書かれているのですか。

労働安全衛生法に、さまざまなことが規定されています。労働者がケガをしたり、職業病になったり、仕事が原因で死亡したりすることのないように、たくさんの関連法令があります。その内容は、**作業場の明るさ、騒音**など非常に広いものとなっています。

労働安全衛生法は、**「快適な職場環境の形成」**を目的としています。労働者の安全と健康を確保する最終的な責任は、「事業者」（法人そのもの又は個人事業主）にあります。

●私たちに日常的に関係があるのは、労働安全衛生法のうち、どんな規定ですか。

就職すると、まず「雇入れ時の**安全衛生教育**」の対象となります。これは、どんな業種でも行いますし、**すべての労働者**が対象です。**作業内容を変更**する時の安全衛生教育も、**全業種**で、**すべての労働者**に対して必要です。

仕事をする時には、その内容や労働時間、賃金などが興味の対象になると思います。そこに、安全や健康も加えてください。初めて働く場所や初めての職種なら、特に注意が必要ですね。

【労働安全衛生法】

- 安全衛生管理体制（産業医など）
- 安全衛生教育
- 機械，危険物，有害物に関する規制
- 健康診断
- 面接指導，ストレスチェック

↓

労働者の安全と健康を確保，快適な職場環境を形成

【派遣労働者の安全衛生教育】

雇入れ時	**派遣元**に実施義務がある
作業内容変更時	**派遣元**と**派遣先**に実施義務がある

事業主・人事労務担当者の方へ　ここがポイント！

仕事に慣れないうちは，思わぬことでケガをする場合があります。働き始めたその日にケガをする，という例は珍しくありません。また，仕事に慣れた人の場合は，「いつもと違う行動をした時」にケガをします。人は，つい「自分は大丈夫」と考えてしまう生き物です。日常的に，上の方から注意を促し，労働者一人一人が気をつけながら働く意識を育てていってください。

●会社で毎年行われる健康診断を受け、その結果が通知されました。この通知は、どのように利用すればよいでしょうか。

労働安全衛生法では、**常時使用する労働者**を対象に、**1年以内ごとに1回**の定期健康診断を義務づけています。**40歳から**は、**腹囲の検査**（原則）、**貧血検査、肝機能検査、血中脂質検査、血糖検査、心電図検査、胸部X線検査**も、毎回の検査項目に含まれます。

40歳といえば、ある程度の自由とお金が手に入る時期です。ついつい、外食や飲酒が多くなっていませんか。健康診断の結果が届いたら放置せず、積極的に、**健康づくり**の参考にしていきましょう。

また、**血圧検査、血液検査**などの結果により、**脳血管疾患・心臓疾患**が心配される場合には、労災保険の**二次健康診断等給付**を受けられます。

ほかに、健康診断の結果、特に必要があると認められれば**「医師等による保健指導の実施」**の対象になります。これは**医師又は保健師**による保健指導で、事業者の努力義務となっています。

それから、健康診断の結果により、**仕事をする場所や作業が変更**されたり、**労働時間が短くなったり、深夜業が減ったり**することもあります。これは事業者が**医師又は歯科医師の意見**に基づいて行うもので、健康状態が悪化しないようにという配慮です。

【健康診断実施後の措置】

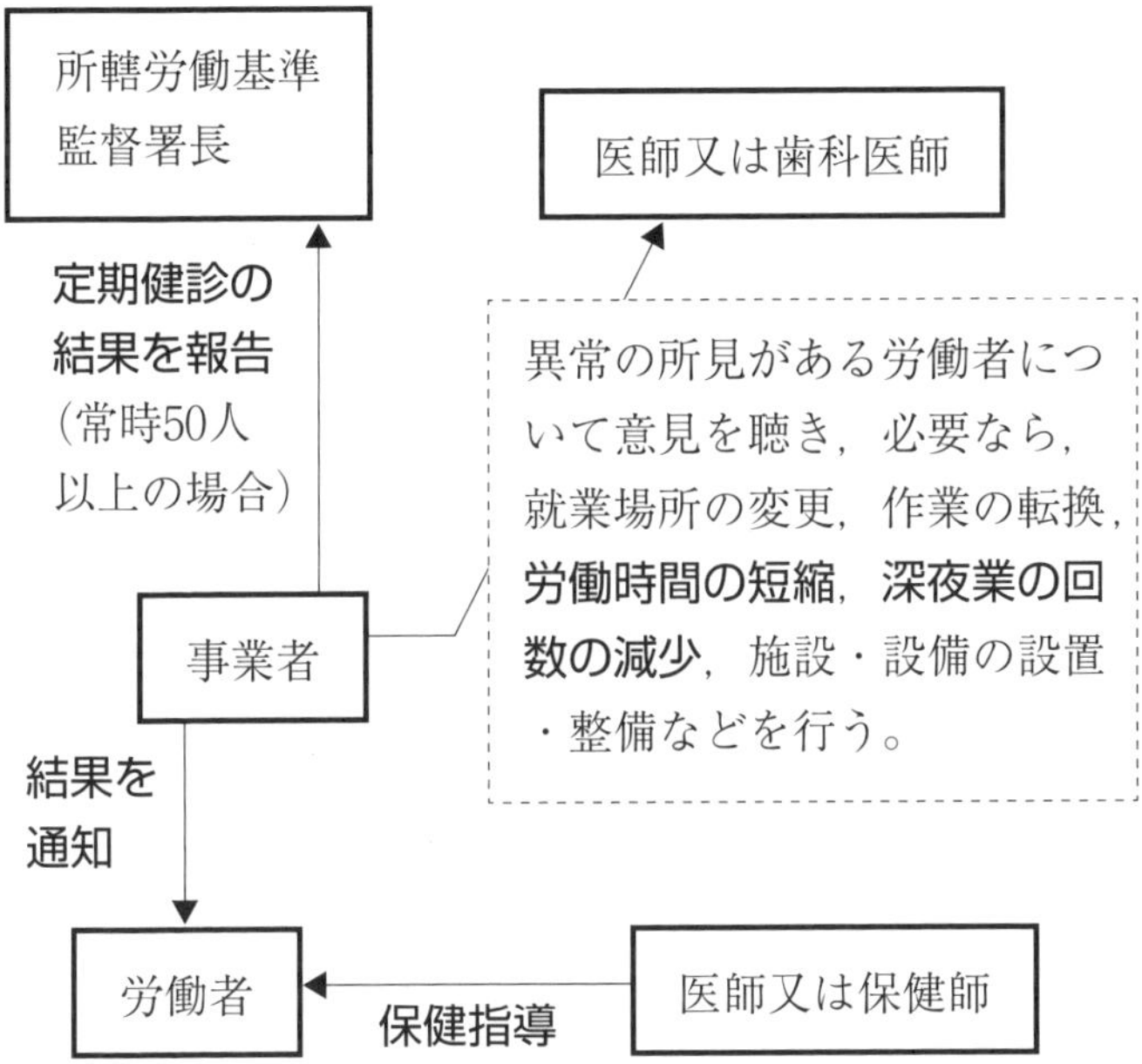

※　一定の有害業務では，定期的に，歯科医師による健康診断が義務付けられている。

事業主・人事労務担当者の方へ　**ここがポイント！**

深夜業を含む業務，屋内での有機溶剤業務などでは，6月以内ごとの健康診断が必要となります。どの健康診断が，どのような頻度で必要なのかは，厚生労働省，労働基準監督署などで確認できます。

●面接指導というのは、何ですか。

面接指導は、長時間労働で疲れがたまっている人に対して行われます。「長時間労働は**脳・心臓疾患**との関連性が強い」という医学的見地に基づいています。具体的には、**週40時間を超える労働が月100時間を超え**、疲労の蓄積が認められる人が対象です。医師が労働者との面接により、**勤務状況や疲労の蓄積の状況**を把握し、必要があれば事業者が、**労働時間短縮**などの措置を講じます。

1週40時間の範囲なら、1月の所定労働時間は、多くて170時間位です。これを100時間超えるということですから、月に270時間以上働く人をイメージしてください。月に4～5日休んだとしても、1日10時間以上働けば260～270時間になります。

100時間までいかなくても、**月80時間を超える時間外・休日労働**があれば、**面接指導に準ずる措置（努力義務）**の対象となります。

●面接指導では、精神面の相談もできるのでしょうか。

労災として認められた自殺の事案には、長時間労働によるものが多いとされています。面接指導では、うつ病など、ストレスが関係する精神疾患等の発症を予防するため、**メンタルヘルス面でのチェック**も行います。

【面接指導】

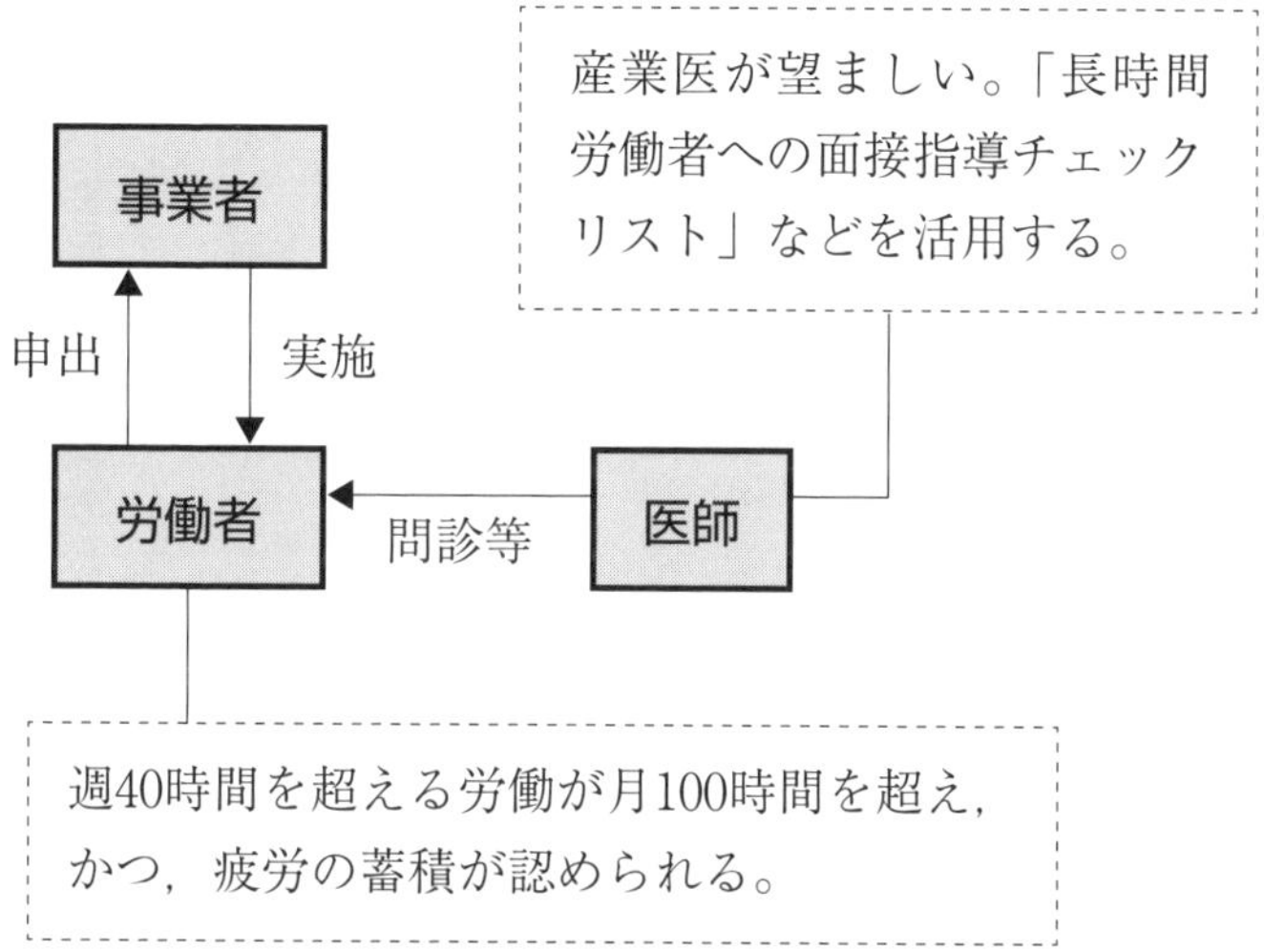

産業医は，面接指導の要件に該当する労働者に，申出を行うよう勧奨することができる。

事業主・人事労務担当者の方へ　ここがポイント！

「面接指導に準ずる措置」の場合は，次のような措置が考えられます。①保健師等による保健指導。②「疲労蓄積度チェックリスト」で疲労の蓄積度を把握し，必要なら面接指導を行う。③事業者が産業医等から，事業場の健康管理について助言・指導を受ける。

● 面接指導は事業者に実施義務があるそうですが、月100時間超えの時間外・休日労働があれば自動的に実施義務が生じるのですか。

面接指導は、次の流れによって実施されます。

① 時間外労働・休日労働の時間を算定（賃金締切日など、一定の期日を定めて毎月1回以上行う）

② 面接指導の申出は、時間外労働・休日労働の時間の算定期日後、書面や電子メール等で遅滞なく行う。

③ 申出の手続きをとった労働者は「疲労の蓄積があると認める者」として取り扱われる。

疲労の蓄積度については、厚生労働省のホームページに「疲労蓄積度自己診断チェックリスト」がありますので、参考にしてください。

● 面接指導の費用は、誰が負担するのですか。

面接指導の実施義務が事業者にあるため、事業者負担とされています。

● 派遣労働者の面接指導は、誰に実施義務がありますか。

派遣元に、実施義務があります。

【面接指導実施後の流れ】

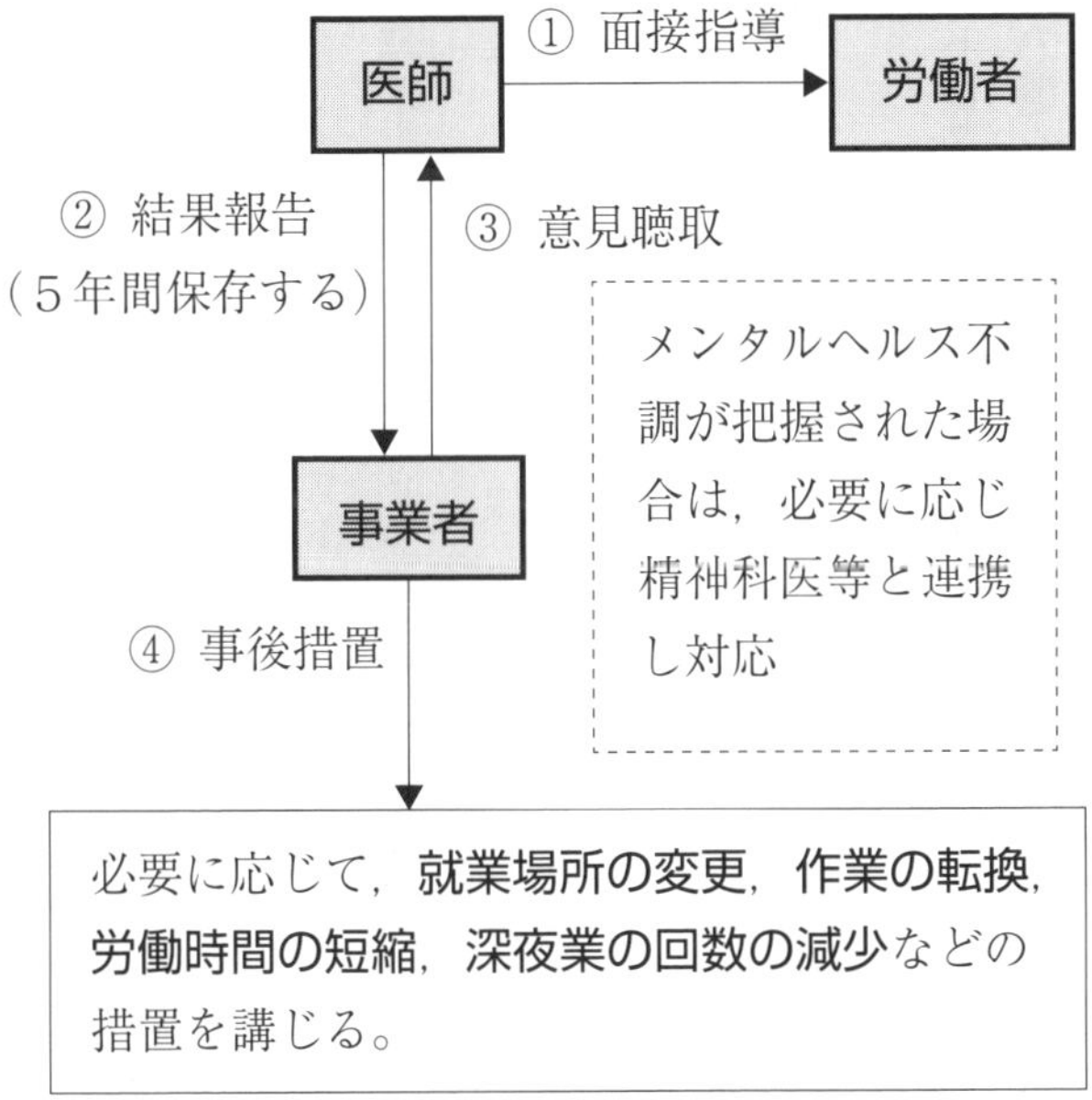

事業主・人事労務担当者の方へ　ここがポイント！

面接指導は産業医により行われるのが望ましいとされていますが，常時50人未満の労働者を使用する事業場には，産業医の選任義務がありません。この場合は，地域産業保健センターを活用してください。地域産業保健センターでは，健康相談，個別訪問による産業保健指導の実施なども行っています。

●ストレスチェックについて、教えてください。

平成27年12月から始まった、新しい制度です。**毎年1回**、「心理的な負担の程度を把握するための検査」が行われます。質問票を用いた検査で、**医師、保健師等**により行われます。**結果は労働者に通知されます**。事業者が結果を知ることができるのは、**労働者が同意**した場合です。労働者は、ストレスチェックの後に、**面接指導**を申し出ることもできます。面接指導が実施されると、必要に応じて、労働時間の短縮等の措置が採られます。

●ストレスチェックは、働いている人なら全員が対象となるのですか。

常時50人未満の労働者を使用する事業場は、当分の間は努力義務となっています。また、①契約期間が**1年未満**の人、②労働時間が通常の労働者の所定労働時間の**4分の3未満**である人は、対象となりません。

●ストレスチェックでは、どんなことを聞かれるのですか。

仕事の量や満足度、最近1か月の気分のほか、**上司・同僚・家族・友人と気軽に話せるか**、その人たちは**個人的な問題の相談に乗ってくれるか**、といったことも聞かれます。頼りになる人がいる、というのは女性が働いていくうえで非常に重要なことです。

【ストレスチェックの質問票見本と通知の見本】

国が推奨する57項目の質問票
（職業性ストレス簡易調査票）

A あなたの仕事についてうかがいます。最もあてはまるものに○を付けてください。

1. 非常にたくさんの仕事をしなければならない
2. 時間内に仕事が処理しきれない
3. 一生懸命働かなければならない
4. かなり注意を集中する必要がある
5. 高度の知識や技術が必要なむずかしい仕事だ
6. 勤務時間中はいつも仕事のことを考えていなければならない
7. からだを大変よく使う仕事だ
8. 自分のペースで仕事ができる
9. 自分で仕事の順番・やり方を決めることができる
10. 職場の仕事の方針に自分の意見を反映できる
11. 自分の技能や知識を仕事で使うことが少ない
12. 私の部署内で意見のくい違いがある
13. 私の部署と他の部署とはうまが合わない
14. 私の職場の雰囲気は友好的である
15. 私の職場の作業環境（騒音、照明、温度、換気など）はよくない
16. 仕事の内容は自分にあっている
17. 働きがいのある仕事だ

B 最近1か月間のあなたの状態についてうかがいます。最もあてはまるものに○を付けてください。

1. 活気がわいてくる
2. 元気がいっぱいだ
3. 生き生きする
4. 怒りを感じる
5. 内心腹立たしい
6. イライラしている
7. ひどく疲れた
8. へとへとだ
9. だるい
10. 気がはりつめている
11. 不安だ
12. 落着かない
13. ゆううつだ
14. 何をするのも面倒だ
15. 物事に集中できない
16. 気分が晴れない
17. 仕事が手につかない
18. 悲しいと感じる
19. めまいがする
20. 体のふしぶしが痛む
21. 頭が重かったり頭痛がする
22. 首筋や肩がこる
23. 腰が痛い
24. 目が疲れる
25. 動悸や息切れがする
26. 胃腸の具合が悪い
27. 食欲がない
28. 便秘や下痢をする
29. よく眠れない

C あなたの周りの方々についてうかがいます。最もあてはまるものに○を付けてください。
次の人たちはどのくらい気軽に話ができますか？
1. 上司
2. 職場の同僚
3. 配偶者、家族、友人等

あなたが困った時、次の人たちはどのくらい頼りになりますか？
4. 上司
5. 職場の同僚
6. 配偶者、家族、友人等

あなたの個人的な問題を相談したら、次の人たちはどのくらいきいてくれますか？
7. 上司
8. 職場の同僚
9. 配偶者、家族、友人等

D 満足度について
1. 仕事に満足だ
2. 家庭生活に満足だ

【回答肢（4段階）】
A そうだ／まあそうだ／ややちがう／ちがう
B ほとんどなかった／ときどきあった／しばしばあった／ほとんどいつもあった
C 非常に／かなり／多少／全くない
D 満足／まあ満足／やや不満足／不満足

※ストレスチェック指針（平成27年4月15日）より

本人に通知するストレスチェック結果のイメージ

あなたのストレスプロフィール

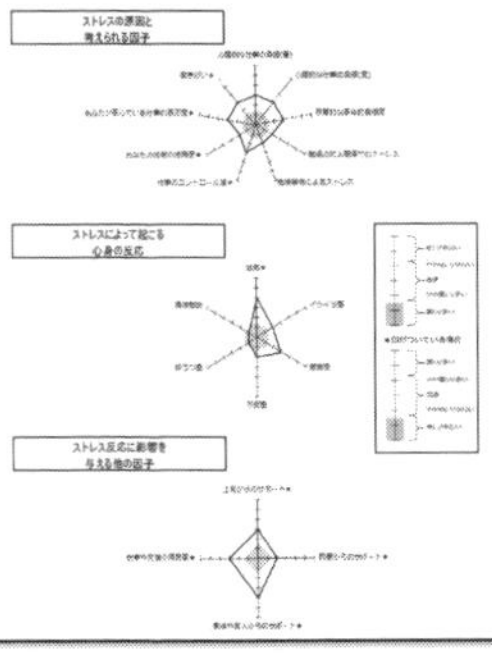

<評価結果（点数）について>

項目	評価点（合計）
ストレスの要因に関する項目	○○点
心身のストレス反応に関する項目	○○点
周囲のサポートに関する項目	○○点
合計	○○点

<あなたのストレスの程度について>

あなたはストレスが高い状態です（高ストレス者に該当します）。

セルフケアのためのアドバイス
・・

<面接指導の要否について>

医師の面接指導を受けていただくことをおすすめします。
以下の申出窓口にご連絡下さい。
○○○○（メール：****@****　電話：****-****）
※面接指導を申出した場合は、ストレスチェック結果は会社側に提供されます。また、面接指導の結果、必要に応じて就業上の措置が講じられることになります。
※医師の面接指導ではなく、相談をご希望の方は、下記までご連絡下さい。
○○○○（メール：****@****　電話：****-****）

http://www.mhlw.go.jp/bunya/roudoukijun/anzeneisei12/pdf/150709-1.pdf

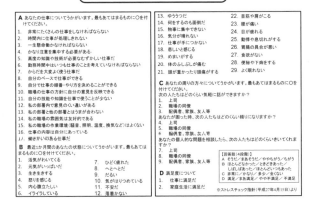

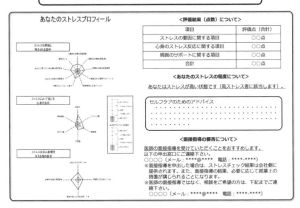

● 健康診断の結果や面接指導の結果は事業者が保存するそうですが、ストレスチェックの結果は、誰が保存するのですか。

ストレスチェックの結果は、医師等が保存する場合もあります。整理してみましょう。

① 健康診断個人票……事業者が原則として5年間保存する。
② 面接指導の結果の記録……事業者が5年間保存する。
③ ストレスチェックの結果……労働者の同意があれば、事業者が5年間保存する。**医師等の実施者**又はそれを補助する**実施事務従事者**が保存する場合も5年間が望ましい。

ストレスチェックは、質問票を渡され、選択肢の中から、自分に合うものを選んでいく形式です。**質問票は医師等の実施者（又は実施事務従事者）が回収**します。「医師等」というのは、**医師、保健師、所定の研修を受けた看護師・精神保健福祉士**です。第三者や人事権を持つ職員が、記入・入力済みの質問票を見ることはできません。

● ストレスチェックの結果は、どのように利用されますか。

労働者に対し、**面接指導が必要かどうか**という判断も含めて通知されます。また、事業者は実施者に、原則10人以上の**集団ごとに結果を分析**してもらい、**職場環境の改善**に努めなければなりません。

【ストレスチェック実施と，その後の流れ】

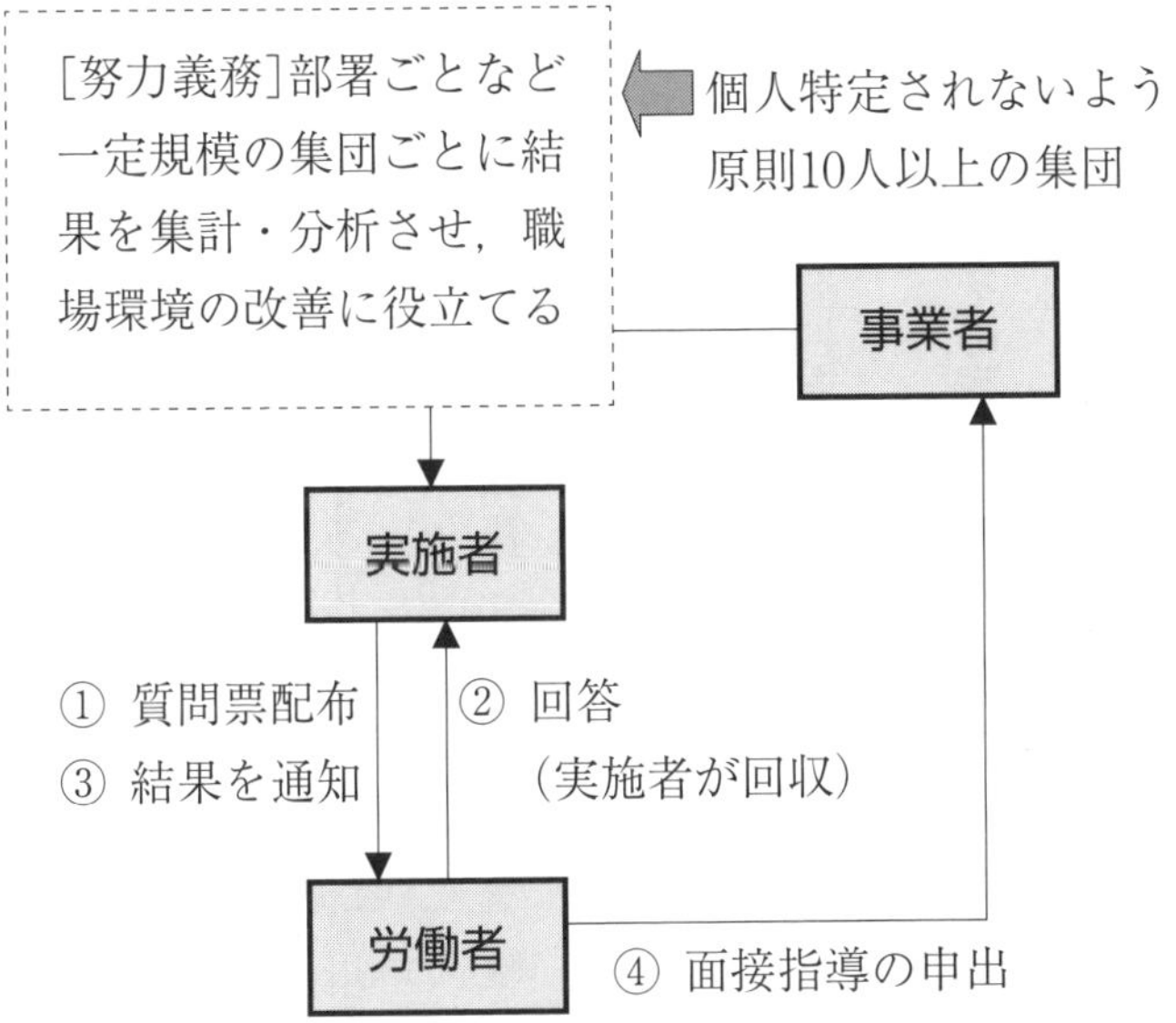

質問・回答はＩＴシステム利用も可能。厚生労働省では「ストレスチェック実施プログラム」を無料で公開している。

事業主・人事労務担当者の方へ　ここがポイント！

ストレスチェックの義務が課せられる規模は，場所単位で判断されます（本社，支店，各地の工場など）。そのほか，実施に当たっての具体的な疑問について，厚生労働省ＨＰにＱ＆Ａがまとめられています。

【労働者災害補償保険法】

●労災保険は、誰でも入れるのですか。

労働基準法上の労働者に該当する人なら、労災保険の保護を受けられます。労働基準法は基本的に、**労働者を使用するすべての事業**に適用されますから、労災保険の保護の範囲も、非常に広いものとなっています。ただし、次のような例外があります。

①　**国家公務員、地方公務員**（非常勤の現場の職員を除く）には、労災保険を適用しない（国家公務員災害補償法、地方公務員災害補償法の適用を受けるため）。

②　小規模の**農林水産業**には、当分の間、労災保険は強制適用しない（厚生労働大臣の認可を受けて任意加入することはできる）。

③　日本企業の海外支店に**現地採用された日本人**には、適用しない。

●個人事業主やその家族従業員、法人の代表者等は、労災保険に入れますか。

原則として対象外ですが、**特別加入**という制度を利用すれば、一部を除き労災保険を使うことができます。会社に勤めていた方が独立開業すると、労災保険がなくなりますが、労働者を雇い要件に該当すれば、特別加入が可能です。

【労災保険の保険給付】

療養（補償）給付	治療費
休業（補償）給付	休業中の所得保障
↓ 症状が悪化	
傷病（補償）年金	治療中の年金
障害（補償）給付	治療の効果が期待できなくなると「治ゆ」となり，年金か一時金
介護（補償）給付	介護費用を支給する
遺族（補償）給付	年金又は一時金
葬祭料（葬祭給付）	一時金
二次健康診断等給付	脳血管疾患・心臓疾患を予防する

業務災害の場合は，用語の真ん中に「補償」と入る（葬祭料は例外で，通勤災害では「葬祭給付」となる）。

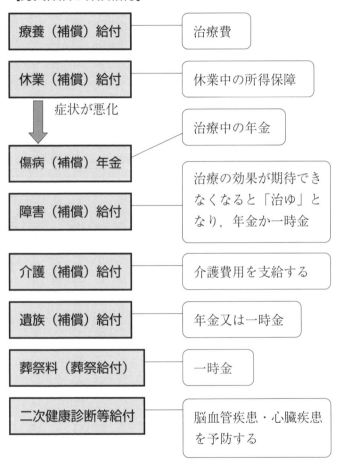

●労災保険の保険料は、誰が払っているのですか。

全額、事業主が払っています。雇用保険、健康保険、厚生年金保険は、被保険者負担がありますね。労災保険は、労働基準法の**「使用者責任」**という考え方から生まれた保険です。仕事中のケガや職業病は、たとえ**使用者が無過失であっても、責任を負う**という考え方です。このため、労働基準法には、平均賃金の6割の休業補償、平均賃金の1000日分の遺族補償などが定められています。ただし、使用者にすべて任せてしまうと、補償を受けられない労働者や遺族もいるでしょう。そこで、労災保険をつくり、原則として労働者を雇うすべての事業主からお金を集めて、**政府が運営**していくことにしたのです。

なお、**業務災害（仕事中のケガや職業病）が少ない事業主は、労災保険の保険料が安くなります。**反対に、業務災害が多いと、保険料が高くなってしまいます。これを、**メリット制**と呼んでいます。今後、事業を起こす予定がある女性は、頭の片隅に入れておきたい知識です。

●派遣労働者の労災保険は、どうなっているのですか。

派遣元で労災保険の適用を受けます。なお、派遣労働者が仕事でケガをした場合などには、派遣元と派遣先が、「労働者死傷病報告」を、それぞれの所轄労基署に提出します。

【労災保険の保険料】

賃金総額と保険料率により，年度ごとに計算して申告し，納付する

業務災害が少なければ保険料低下

事業主の**災害防止努力を促進**する効果がある

※　一定以上の規模の建設工事などは，開始時に見込み額で保険料を申告し，終了後に精算する。

【労働者を雇った時は】

保険関係成立届　―　10日以内に提出

保険料申告書　―　一定の建設工事などを除き50日以内に提出

事業主・人事労務担当者の方へ　**ここがポイント！**

労災保険が強制的に適用される場合には，保険関係成立届の提出が遅れても，労働者・遺族の方への保険給付は行われます。ただし，事業主さんが給付額の100％又は40％を徴収されてしまう場合があります。雇用保険関係の助成金にも影響しますから，早めに提出してください。

● 週3日の契約のパートタイマー（時給900円、1日4時間）です。仕事中にケガをし、治療しながら2か月休みます。労災保険の休業補償給付を受けられると聞きましたがどれくらい受け取れるのですか。

2か月、たとえば61日間休業するとしたら、**最初の3日間は様子見**なので支給されませんが、残りの58日について支給されます。

労災保険には、給付の基礎となる1日当たりの金額について**最低保障額**があり、平成28年7月までは3，920円です。あなたの場合は、**直前3か月分の賃金の1日平均**を計算すると、これを下回る可能性があります。そこで、3，920円の6割の58日分で考えてみましょう。計算すると、136，416円となります。

元気に働いている時のお給料の月額は、あなたの場合には約4万円だと思われます（900円×4時間×3日×4週＝43，200円）。これを2か月分（43，200円×2＝86，400円）受け取るのに比べると、休業補償給付は、その1・5倍以上ですね。労災保険は、このように、びっくりするほど手厚い面があるのです。なお、2か月の休業ということですから、その間、会社には**定期的に連絡を入れるように**心がけましょう。休業補償給付の支払通知があなたの住所に届いたら、その旨を会社に連絡しておくとよいでしょう。

【休業補償給付】

〔6月1日にケガをし，賃金締切日が20日の場合〕

2/21～3/20	3/21～4/20	4/21～5/20

〔原則〕3か月分の賃金÷総日数＝給付基礎日額

時給，日給，出来高払制等の場合は，3か月分の賃金を**労働日数**で割り，その**60%**と原則の額を比較し，高い方を給付基礎日額とする（最低保障額あり）。

所定労働日ではない日は？ → 支給される。たとえば，月曜日のみ出勤の契約でも，休業補償給付は毎日支給される

事業主・人事労務担当者の方へ　ここがポイント！

休業する労働者さんの中には，無理をして早く職場復帰しようとする方もいます。治りかけでは，かえって仕事に支障をきたすことがありますし，新たな事故につながる恐れも否定できません。「しっかり治すことが大切」と伝えてください。

●**休業補償給付は賃金の6割で、そのほかに上乗せが2割あるので、一般的には8割もらえると聞きました。ところが私の場合は、さらに上乗せされて10割になるそうです。**

休業の場合は、労災保険の**保険給付**で賃金の6割、**社会復帰促進等事業**の**特別支給金**で2割支給されます。**労働保険事務組合**に加入している会社等にお勤めの場合には、さらに2割が支給される場合があります。これは「**全国労保連**」が行っていて、請求には、休業補償給付の支給決定通知が必要です。

●**労災保険は通勤災害に対しても給付が行われるそうですが、労働者として、日頃注意することがあれば教えてください。**

いろいろな注意点を挙げることができますが、最近になって注目されているのが、**通勤の途中で介護に立ち寄る場合**です。たとえば、別居のお母さんのところに毎日寄って行くというのは、よくあることでしょう。

通勤の経路を逸脱したり、**通勤を中断**したりすると、基本的には、その後に事故があっても労災保険の対象外です。ただし、現代人のライフスタイルに合わせて、労災保険法もたびたび改正が行われています。一定の範囲の家族の介護を、**継続的**に、又は**反復して**行う場合には、その間を除いて「通勤」と扱ってくれます。

【労保連労働災害保険】

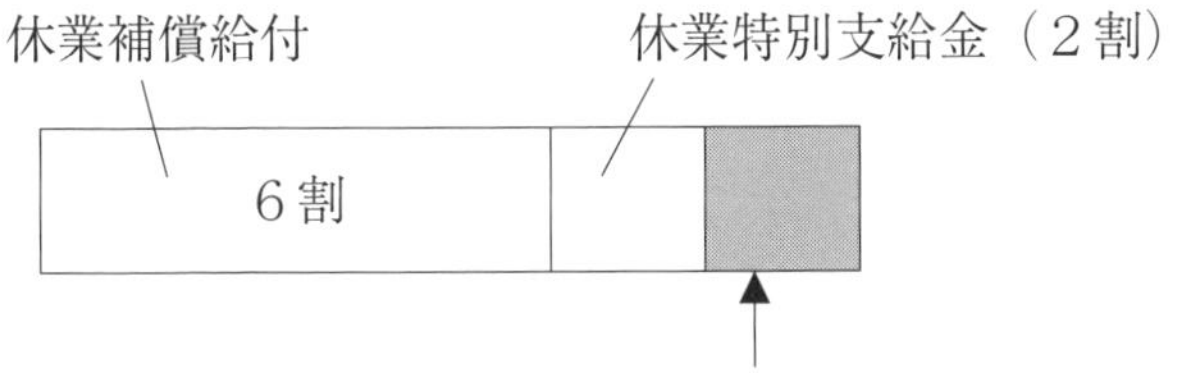

この部分を「休業保険金」として支給する（２割）

- 休業保険金は事業主が全国労保連に支給申請し，事業主の口座に振り込まれる。
- 休業保険金が支給されるかどうかは，事業主が選択する「型」による。

※　全国労保連＝全国労働保険事務組合連合会
※　労働保険事務組合……事業主30以上の団体等で，厚生労働大臣の認可を受けたもの。**労働保険料の申告・納付をスムーズに行う**のが目的。

事業主・人事労務担当者の方へ　**ここがポイント！**

通勤災害については，労働者の方が普段，どのような経路を使っているのかが重要です。通勤災害の保険給付の請求書には，当日の就業開始予定時刻などを記入する欄もあります。通勤災害は業務災害と異なり目撃者が少なく，資料が集まりにくい場合が多いのですが，道路の幅や天気なども含め，慎重に状況を確認してください。

●通勤の経路に、人が少なく街灯もほとんどない道があります。夜は真っ暗です。何かあった場合、たとえば帰り道でひったくりに襲われてケガをした場合には、労災保険の保護を受けられますか。

通勤災害の認定を受けるには、「通勤に伴う危険が具体化したこと」が、認められる必要があります。ご質問のケースは、一般的に発生し得る危険が具体化したものとして、認められています。

●二次健康診断等給付というのは、どんな給付ですか。

労働安全衛生法の健康診断を受けた結果として、**脳血管疾患**又は**心臓疾患**の発症が心配される場合には、労災保険で精密検査や保健指導を受けられます。これにより、**過労死を予防**していこうというものです。労災保険ですから、**受診者の負担はありません。**

現代人は、情報機器の発達なども伴って、忙しさが増しています。元気に動いているつもりでも、睡眠や食事が不規則になってきたら注意して、健康管理を心がけていきたいですね。ちなみに、私は近所のお医者さんに、「これから骨の量がどんどん減っていく年齢になるから、毎日牛乳を飲むように」といわれました。体のリズムは、年齢によっても変わります。少しリズムが変わってきたかな、と感じたときが、**生活を見直すチャンス**です。

【二次健康診断等給付】

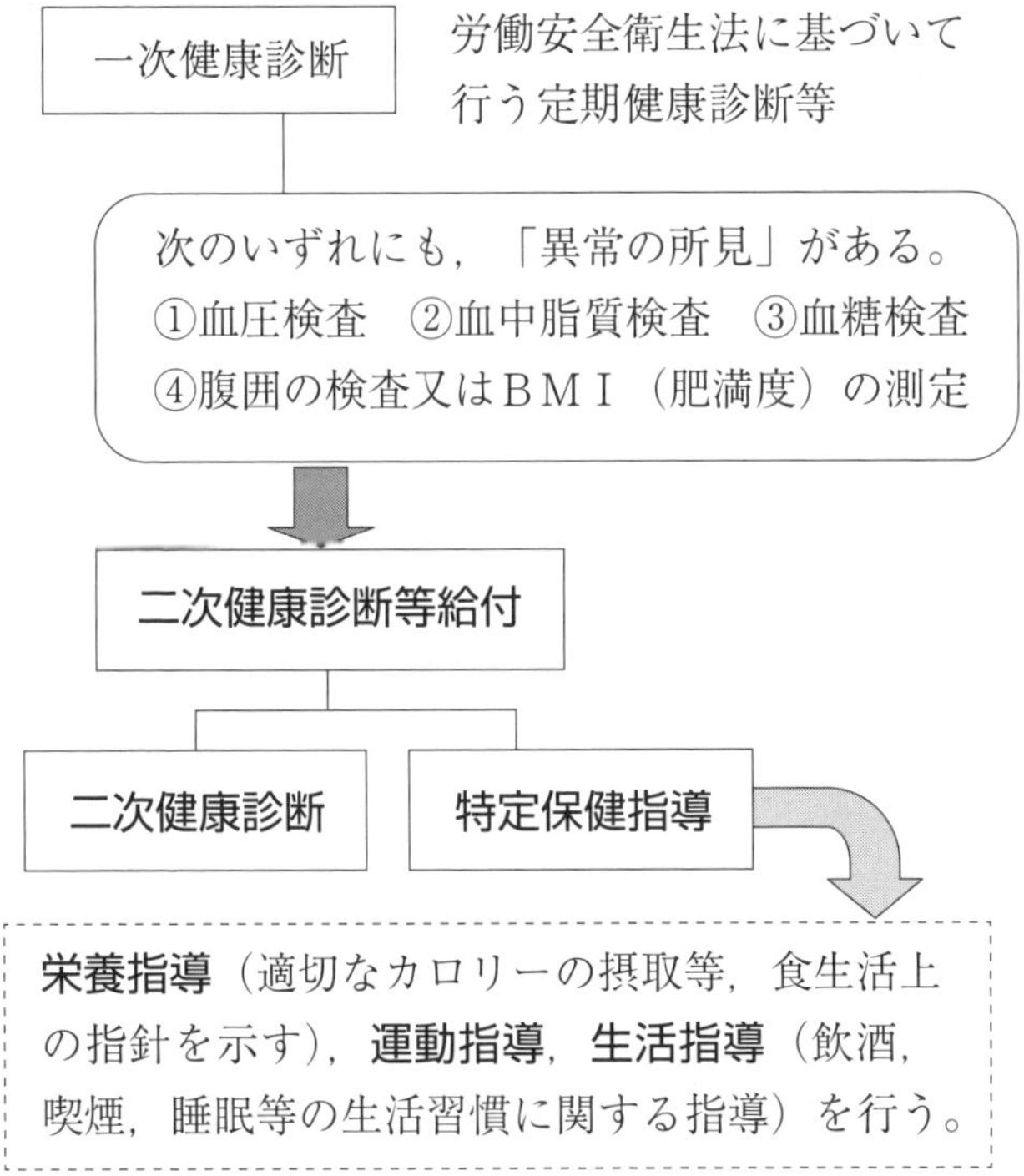
一次健康診断
労働安全衛生法に基づいて
行う定期健康診断等
次のいずれにも，「異常の所見」がある。
①血圧検査　②血中脂質検査　③血糖検査
④腹囲の検査又はＢＭＩ（肥満度）の測定
二次健康診断等給付
二次健康診断
特定保健指導
栄養指導（適切なカロリーの摂取等，食生活上の指針を示す），運動指導，生活指導（飲酒，喫煙，睡眠等の生活習慣に関する指導）を行う。

事業主・人事労務担当者の方へ　**ここがポイント！**

二次健康診断等給付は，「健診給付病院等」経由で請求書を提出します。せっかくよい人材が集まっても，体を壊してしまっては結果に結びつきません。過労死を予防することは，企業の利益になりますから，労働者さんと一緒に予防を促進してください。

【雇用保険法】

●雇用保険では、できるだけ会社をやめずに働けるよう、「雇用継続給付」というものが設けられているそうですね。

雇用保険は、当初は**失業**だけを対象としていましたが、今は**在職給付**も充実しています。「雇用継続給付」には、60歳から65歳になるまでの間に賃金が低下した場合の**高年齢雇用継続給付**と、**育児休業・介護休業**に対するものがあります。

●給料が20万円の場合には、育児休業給付の支給額は月々いくらになりますか。

当分の間は、**休業前**のお給料に対し、最初の**180日間は67%**で、その後が**50%**の給付です。たとえば、育児休業を6月1日から開始した場合には、6月30日までが最初の**「支給単位期間」**となり、この30日間に対して20万円の67%が支給されます。計算すると、134,000円となります。その次の7月は、31日間ありますが、**支給日数はひとつの支給単位期間で最大30日**と決まっています。そこで、2つ目の支給単位期間についても、134,000円が支給されます。支給日数の181日目からは50%なので、ひとつの支給単位期間に対して10万円です。

【雇用保険の全体像】

失業等給付

① **求職者給付**……基本手当などを失業者に支給
② **就職促進給付**……再就職手当などを支給し，早期の再就職を促す
③ **教育訓練給付**……看護師，准看護師，保育士，社会福祉士，介護福祉士，栄養士，調理師，製菓衛生師などの資格取得に関しては，最大60％の受講料補助がある。
④ **雇用継続給付**

雇用保険二事業 ― **キャリアアップ助成金**などの助成金等を支給

事業主・人事労務担当者の方へ　ここがポイント！

雇用保険二事業の中で，比較的身近なものとしては，「特定求職者雇用開発助成金」があります。ハローワーク等の紹介により，60歳以上65歳未満の人や，障害者，母子家庭の母等を雇った時に該当します。各助成金の支給額などは，「雇用の安定のために」というパンフレットで確認できます。

● 育児休業給付は、毎月受け取れるのですか。

支給申請は、２つの支給単位期間についてまとめて行いますので、お金が入ってくるのは**2か月に1回**です。お給料のように毎月入ってくるわけではないので、気をつけたいところです。家賃の支払い又は住宅ローンの返済、ショッピングの後払いなど、毎月決まった引き落としがある場合には、計画的に口座にお金を入れておきましょう。

● 育児休業給付は、子供が1歳6か月未満の間、受けられる場合があるそうですね。

育児休業給付は、原則としてお子さんが1歳未満の間の給付ですが、一定の場合には延長が可能です。**保育所の入所申込みをし、入所待ちになってしまったため職場復帰ができない場合**も該当します。保育所の入所のめどが立たないと、職場復帰の時期が遅くなりますね。これは深刻な問題です。延長には、①**入所申込書の写し**、②**不承諾通知（保留通知）等**を添付する必要があります。無認可保育所の入所申込みは認められません。

保育所の申込みは大変ですが、あきらめずに手続きをしておきましょう。ご自分だけで悩まずに、「保育所に申し込んでいるけれど、まだ入れない」「また申し込んだけれど、まただめだった……」という状況を、会社の事務担当者の方に報告してください。その一歩が、職場復帰につながっていきます。

【出産した女性の場合の育児休業給付】

育児休業給付は原則として子が１歳未満の間
〔例〕５月10日生まれの子については５月８日まで

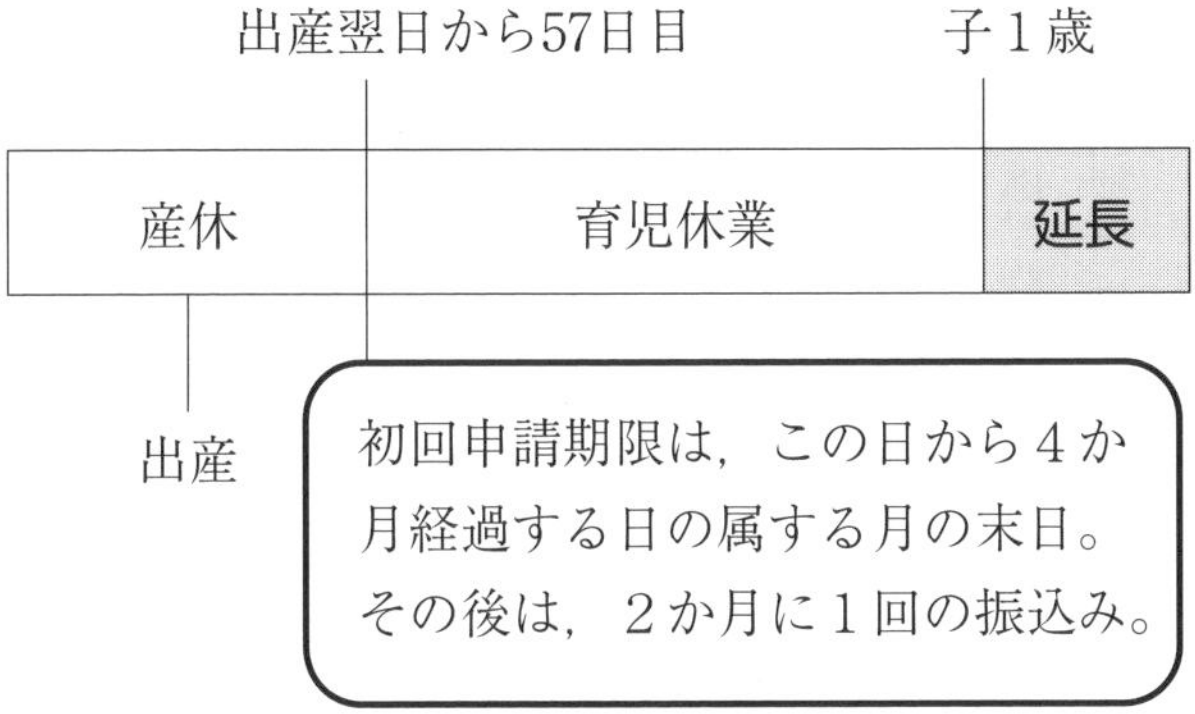

※　子が「１歳になる」のは，５月10日生まれなら，その前日の５月９日となる。

事業主・人事労務担当者の方へ　ここがポイント！

いわゆる「待機児童」の場合は，育児休業給付の延長には保育所入所の不承諾の通知書が必要です。これを知らなかったために，給付を受けられなかったケースがありました。各労働局が周知に努めています。皆さんの日常的な情報に，ぜひ加えておいていただきたいと思います。

●介護休業給付は、最長でも93日間と聞きました。ずいぶんと短い気がするのですが。

介護休業給付は、**休業前の賃金**に基づいて、その**40％**を支給します。支給期間は、次のように2通りあります。

① **「同一の対象家族の、同一の要介護状態」**については、**1回のみで3月まで**

② 同一の対象家族でも**「異なる要介護状態」**なら、**複数回の休業を通算して93日まで**

支給申請は、休業が終わってから、**「介護休業申出書」等を添付**して行います。

支給される期間が短いので、育児休業給付と比べて、納得がいかないかもしれません。

介護は長期にわたる場合がありますが、その間の賃金をすべて保障するのではなく、一時的に休んで介護の体制を整えてください、という位置づけです。

今後、法改正により、「同一の対象家族の、同一の要介護状態」についても、3回に分けて取得できるようにすることが検討されています。

●要介護状態というのは、介護保険で認定されたものを指すのですか。

ここでいう「要介護状態」は、「負傷、疾病又は身体上若しくは精神上の障害により、**2週間以上**の期間にわたり**常時介護を必要とする状態**」で、介護保険の基準とは異なります。「常時介護を必要とする状態」については、判断基準が定められています。

【介護休業申出書の見本】

社内様式6

介護休業申出書

人事部長　　　　　　　　殿

［申出日］平成　　年　　月　　日
［申出者］　　　　部　　　　課
氏　名

私は、育児・介護休業等に関する規則（第7条）に基づき、下記のとおり介護休業の申出をします。

記

1　休業に係る家族の状況	(1)　氏名	
	(2)　本人との続柄	
	(3)　家族が祖父母、兄弟姉妹、孫である場合、同居、扶養の状況	同居し扶養を している・していない
	(4)　介護を必要とする理由	
2　休業の期間	平成　　年　　月　　日から　　年　　月　　日まで （職場復帰予定日　平成　　年　　月　　日）	
3　申出に係る状況	(1)　休業開始予定日の2週間前に申し出て	いる・いない→申出が遅れた理由 〔　　　　　　　　〕
	(2) 1の家族の同一の要介護状態について介護休業をしたことが	ない・ある→平成　年　月　日から 年　月　日まで 再度休業の理由 〔　　　　　　　　〕
	(3) 1の家族の同一の要介護状態について介護休業の申出を撤回したことが	ない・ある→再度申出の理由 〔　　　　　　　　〕
	(4) 1の家族についてのこれまでの介護休業及び介護短時間勤務の日数	日

（注）期間契約従業員が「育児・介護休業等に関する規則」第7条第1項なお書きの申出をする場合は、2のみの記入で足ります。

（http://tokyo-roudoukyoku.jsite.mhlw.go.jp/library/tokyo-roudoukyoku/standard/closure/43.pdf）

●介護休業を取得する時には、医師の診断書を出さなければなりませんか。

事業主は労働者に、**「対象家族が要介護状態にあること」の証明書類**を出すように、求めることができます。医師の診断書に限定されているわけではありませんが、証明書類が必要なことは、知っておいてください。また、介護休業給付の支給申請には、**住民票**等の添付が必要です。被保険者と対象家族の続柄などを確認するためです。

介護休業給付の**支給申請期限**は、**「休業終了日の翌日から起算して2か月を経過する日の属する月の末日」**となっています。たとえば、7月20日に職場復帰した場合には、9月末日が支給申請期限です。

●介護休業給付は、支給申請期限を1日でも過ぎてしまうと申請できないのですか。

支給申請期限を過ぎても、時効消滅するまでの**2年間**は、申請が可能です。

●介護休業は、夫や子どもについても認められますか。

介護休業の要件となる「対象家族」は、①被保険者の配偶者（内縁含む）・父母・子・被保険者の配偶者の父母、②被保険者が**同居し、かつ、扶養している**祖父母・兄弟姉妹・孫となっています。

【介護休業給付】

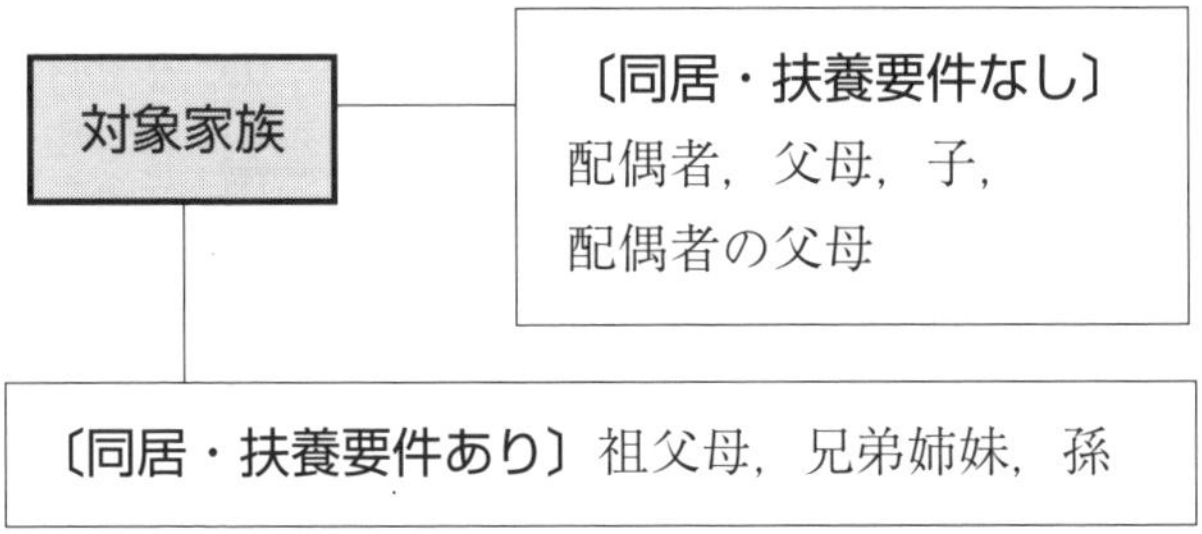

事業主・人事労務担当者の方へ　ここがポイント！

「介護休業申出書」が提出されたら，「〔育児・介護〕休業取扱通知書」を作成してください。労働局のＨＰ等で書式が紹介されています。厚生労働省ＨＰの「よくあるお問い合わせ」も参考にしてください。

（ホーム⇒政策について⇒分野別の政策一覧⇒雇用・労働⇒雇用均等⇒仕事と介護の両立～介護離職を防ぐために～）

● **介護休業は、対象家族が入院している場合でも認められますか。**

厚生労働省の「よくあるお問い合わせ」によれば、介護とは、「歩行、排泄、食事、入浴等の日常生活に必要な便宜を供与すること」となっています。入院の場合でも、「**労働者本人が歩行、排泄、食事、入浴等の日常生活に必要な便宜を供与する必要があるか否か**をみて判断すべき」とされています。

● **育児休業給付や介護休業給付は、事業主に支給申請してもらうことはできますか。**

平成28年2月から、原則として**事業主が支給申請**することになりました。育児休業中は郵送でのやり取りが多くなりますので、支給申請の期限に気をつけてください。

● **失業した場合に、雇用保険上の、女性特有の注意点があれば教えてください。**

妊娠や出産を機に離職した場合には、すぐには求職活動ができません。このようなときには、**基本手当**の、**受給期間延長**の手続きをしておきましょう。基本手当というのは、一般的にいう失業手当です。受給期間は原則として**離職日の翌日から1年間**ですが、これを、最大で**4年まで延長**することができます。

【基本手当の受給期間の延長】

妊娠，出産，育児，疾病又は負傷などのため，
引き続き30日以上，職業に就くことができない

↓

引き続き30日以上職業に就くことができなくなるに至った日の翌日から起算して**1か月以内に申出**をする

〔「30日」が離職日の翌日から起算される場合〕

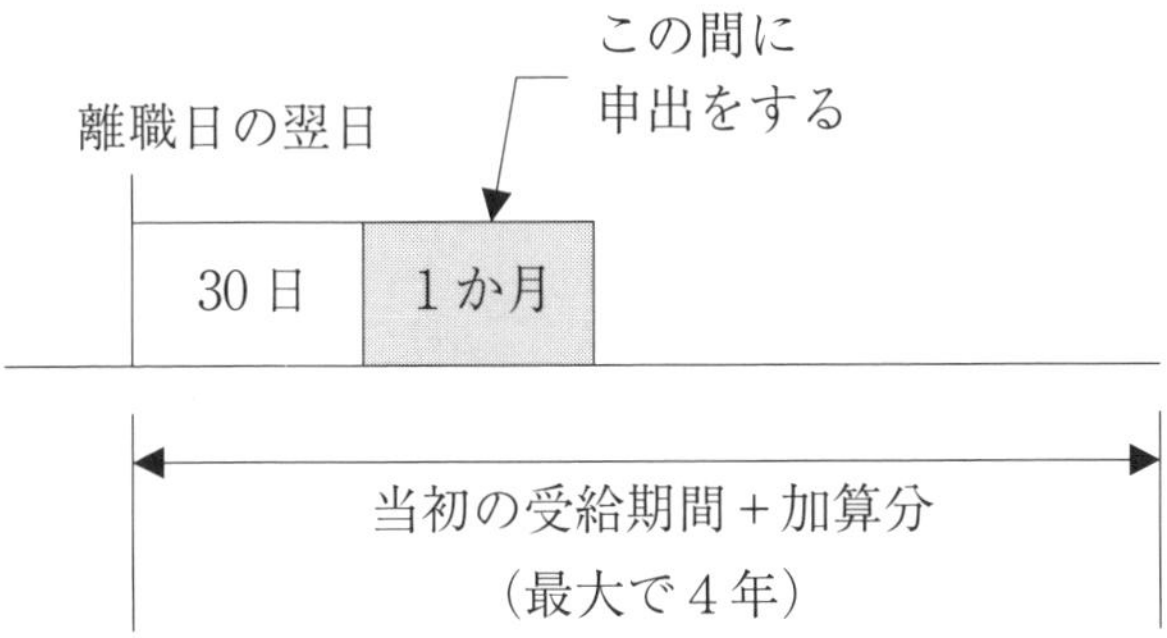

事業主・人事労務担当者の方へ **ここがポイント！**

受給期間延長の申出は代理人又は郵送でも可能です。離職前に教えてあげると，お産を控えている方や病気でやむを得ず離職する方も，少し安心するでしょう。

●結婚して住所が変わり、通勤が難しくなるため離職します。まだ1年も勤めていなかったのですが、基本手当は受け取れますか。

「結婚に伴う住所の変更等により、通勤不可能又は困難となった人」は、基本手当の受給資格の分類でいうと、**「特定理由離職者」**に当たります。原則として**離職日以前1年間**の中に、**賃金支払基礎日数11日以上**の期間（「被保険者期間」といいます）が、**通算6か月以上**あれば、基本手当を受け取れます。「1年間の中に6か月」ですから、たとえば9か月間の在籍でも、その中に被保険者期間が通算6か月以上あればよいわけです。

●夫が会社命令で転勤することになり、別居を避けるため引っ越すのですが、そうすると私が通勤困難になってしまいます。基本手当の受給資格はどうなりますか。

一定の理由により通勤不可能又は困難となった人は、**特定理由離職者**に該当します。この一定の理由には、**「配偶者の事業主の命による転勤若しくは出向又は配偶者の再就職に伴う別居の回避」**も含まれます。

あなたは特定理由離職者に該当するでしょうから、原則として離職日以前1年間に、被保険者期間が通算6か月以上あれば、基本手当を受け取れます。

【基本手当の受給資格】

一般の受給資格者	原則として離職日以前２年間に被保険者期間が通算12か月以上
特定受給資格者 特定理由離職者	原則として離職日以前１年間に被保険者期間が通算６か月以上

【被保険者期間の数え方】

〔例〕3/29に就職し，その年の10/28に離職の場合

期間	賃金支払基礎日数
9/29～10/28	11日 ← ○
8/29～ 9/28	12日 ← ○
7/29～ 8/28	13日 ← ○
6/29～ 7/28	14日 ← ○
5/29～ 6/28	15日 ← ○
4/29～ 5/28	10日 ← ×
3/29～ 4/28	15日 ← ○

この場合，被保険者期間６か月となる。

事業主・人事労務担当者の方へ　ここがポイント！

雇用保険に加入して保険料を徴収されていても，賃金支払基礎日数が11日未満の期間が続くと，基本手当を受けることができません。当初の予定より働く日数が少ないなど，被保険者の資格を喪失したほうがよい人がいるのではと，時々確認してみてください。

●有期労働契約が更新されなかった場合に、基本手当の受給資格が緩和されることがあると聞きました。

次の場合には、**特定受給資格者**となります。原則として離職日以前1年間に、被保険者期間が通算6か月以上あれば、基本手当の受給資格を満たします。

① 有期労働契約の更新により**3年以上引き続き雇用される**に至った場合において、その労働契約が更新されないこととなった。

② 有期労働契約の締結に際し、その労働契約が**更新されると明示されていたのに、更新されなかった**。

特定受給資格者は、受給資格だけでなく基本手当の所定給付日数も、雇用保険に入っていた期間と年齢に応じて、手厚くなっています。**倒産や事業所の廃止**、**解雇**などにより離職した人も、特定受給資格者です。

なお、①・②に該当しない人で、「有期労働契約の期間が満了し、**更新を希望したのに更新についての合意が成立せず**、**更新されなかった人**」は、**特定理由離職者**となります。これは、2008年秋の**リーマンショック**の直後に期間満了を迎える契約社員の方を、急いで救済するために行われた改正です。基本手当の所定給付日数は一覧表があり、特定理由離職者のうち一部の人については、特定受給資格者と同じ表を使います。

【基本手当の所定給付日数】

〔一般の受給資格者〕

算定基礎期間	10年未満	10年以上 20年未満	20年以上
全年齢	90日	120日	150日

（全年齢…65歳未満）

〔特定受給資格者，一部の特定理由離職者〕

算定基礎期間	1年未満	1年以上 5年未満	5年以上 10年未満	10年以上 20年未満	20年以上
30歳未満	90日	90日	120日	180日	——
30歳以上 35歳未満	90日	90日	180日	210日	240日
35歳以上 45歳未満	90日	90日	180日	240日	270日
45歳以上 60歳未満	90日	180日	240日	270日	330日
60歳以上 65歳未満	90日	150日	180日	210日	240日

（ほかに，「就職困難者」の一覧表もある）

【健康保険法】

● 退職するため夫の扶養家族になりたいと思います。正社員で働いていた場合とパートタイマーで働いていた場合では、被扶養者の扱いに違いはありますか。

健康保険の被扶養者になる場合は、「これからの収入」で考えます。**年収130万円未満であり、同時に、被保険者の年収の2分の1未満**であることが原則です（平成28年10月以後も同じ）。あなたが退職して無職になる場合には、年収要件に問題はありません。

退職の翌日から被扶養者になれますが、手続きに時間がかかると、被保険者証がお手元に届くのが遅くなります。**離職票や退職証明**の提出を求められる場合もあります。保険者によって必要書類が異なりますので、担当者によく確認してもらいましょう。

● パートタイマーであることは変わらないのですが、勤務時間を月70時間程度に減らすため年収も減ります。夫の被扶養者として認められるでしょうか。

同居の場合は、**年収130万円未満**であり、配偶者の年収の**2分の1未満**なら認められます。給与明細書などの提出を求められる場合があります。また、被扶養者の年収等を調べる調査が定期的に行われますので、その時にはあらためて年収を申告してください。

【健康保険の被扶養者】

生計維持関係のみでＯＫ	直系尊属（父母，祖父母等），配偶者（事実婚を含む），子，孫，弟妹
生計維持関係があり同一世帯に属すること	被保険者の３親等内の親族，事実婚の配偶者の父母及び子，事実婚の配偶者が死亡したあとの父母及び子

（平28.10.1からは，兄・姉も生計維持関係のみの予定）

〔生計維持関係〕

被保険者と同一世帯	年収130万円未満かつ被保険者の年収の２分の１未満であること
被保険者と別世帯	年収130万円未満かつ被保険者からの仕送り額より少ないこと

（認定対象者が60歳以上又は障害者の場合は，「130万円」を「180万円」と読み替える）

事業主・人事労務担当者の方へ　ここがポイント！

被扶養者の認定には，時間がかかることがあります。書類を集めなくてはならないためです。特に，大学生のお子さんを被扶養者にしたい，といわれた時には急いで在学証明書を取り寄せるように伝えてください。

● **40歳の夫が退職しました。再就職先が見つかるまで、私の健康保険の被扶養者にしたいと思います。注意点を教えてください。**

再就職するまでということですから、離職票を持ってハローワークに行かれるのでしょうか。被扶養者の年収要件をみるときには、**雇用保険の基本手当も含まれます**。年収130万円未満であることが第一の条件ですから、次のように計算します。

130万円÷360＝約3,611円

基本手当の1日当たりの額がこの金額までなら、年収130万円未満と判断します。確認のために、基本手当の「受給資格者証」の提出を求められる場合があります。

● **就職して健康保険に入るのですが、子どもが熱を出しやすいため、被保険者証ができるまで不安があります。全国健康保険協会の健康保険だそうです。**

資格取得手続きと同時に「**被保険者資格証明書**」を交付してもらいましょう。それを持って病院に行けば、被保険者証を出す時と同じように、医療費の一部を支払えば済みます。協会けんぽの場合は、**日本年金機構**（一般には年金事務所の窓口）に資格取得届を出します。その内容がコンピューターに入力されて協会けんぽに届き、それから被保険者証が交付されます。**厚生年金保険と同時に資格取得**するため、このようになっています。

【健康保険，厚生年金保険資格取得等の流れ】
〔協会けんぽの場合〕

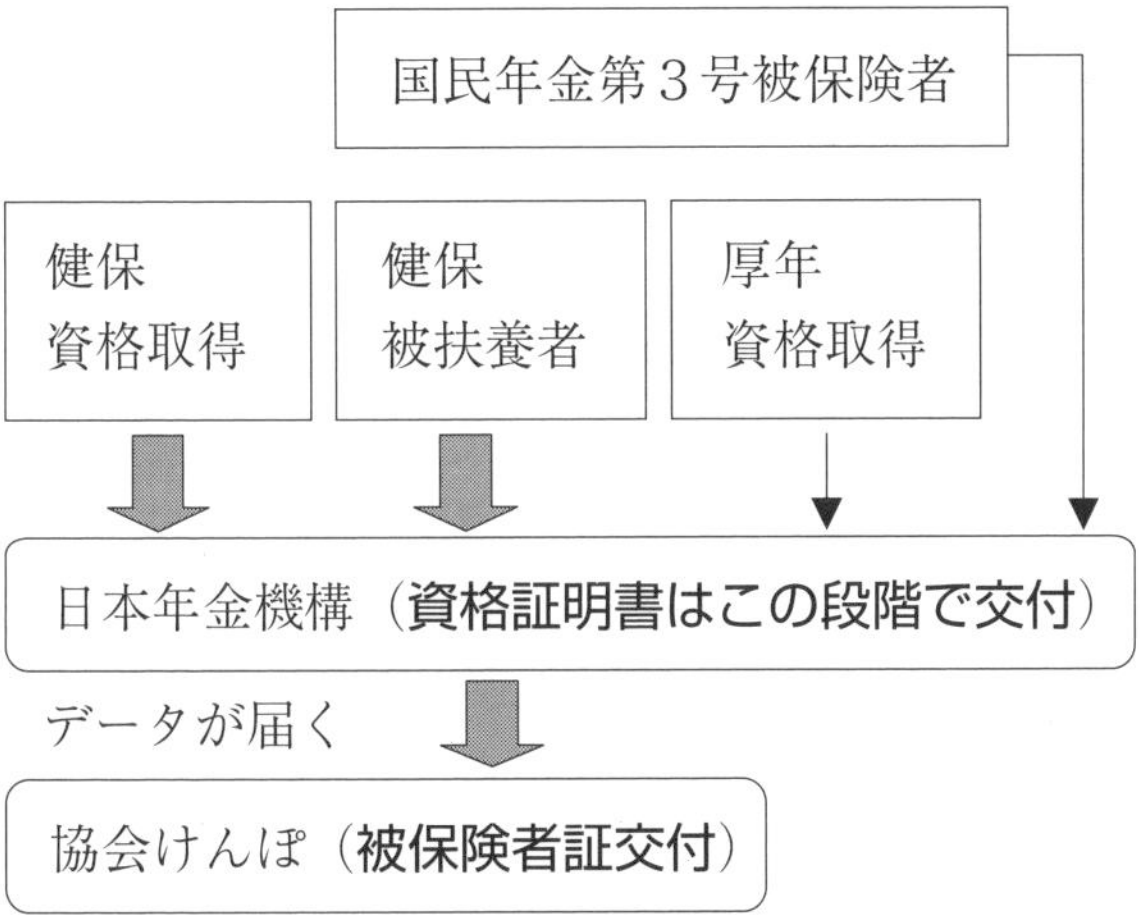

健康保険組合は，組合に健康保険被保険者の資格取得届が届き，組合が被保険者証を交付する。

事業主・人事労務担当者の方へ　ここがポイント！

20歳以上60歳未満の配偶者を被扶養者にする場合は，同時に，国民年金第３号被保険者の届出も行います。配偶者の基礎年金番号の確認をするため，時間がかかる場合があります。また，平成29年からは，第３号被保険者の届出にも，マイナンバーの「個人番号」を記入することになります。

● **初めて出産することになったのですが、出産費用を工面できるかどうか不安です。一般的な額を聞くと、私の給料の2か月分ぐらいかかるようです。**

出産育児一時金というものがあります。以前は、まず出産費用を病院等に支払い、その後に健康保険に請求して現金給付を受ける、という流れでした。これは、あらかじめ数十万円の費用を用意する必要があり、子育て世代の大きな負担になっていました。現在は、**病院等と保険者の間で費用をやり取りしてくれる、「直接支払制度」**を選ぶことができます（主に大・中規模の病院）。保険者から病院等にお金が支払われるので、出産する側が無理をして払わなくても大丈夫なのです。出産にかかった費用が出産育児一時金の額より少ないときは、その**差額があなたに支給**されます。

● **出産育児一時金の額は、どのように決まるのですか。**

1児につき、原則として404,000円です。双子ならその倍で、808,000円です。たとえば、双子を出産して、保険者から病院等に払われた額が780,000円だったとしましょう。そうすると、808,000円との差額の28,000円が、あなたに支給されます。**「産科医療補償制度」に加入している病院等**で出産した場合は、**1児につき16,000円が加算**されます。

【出産育児一時金の直接支払制度】

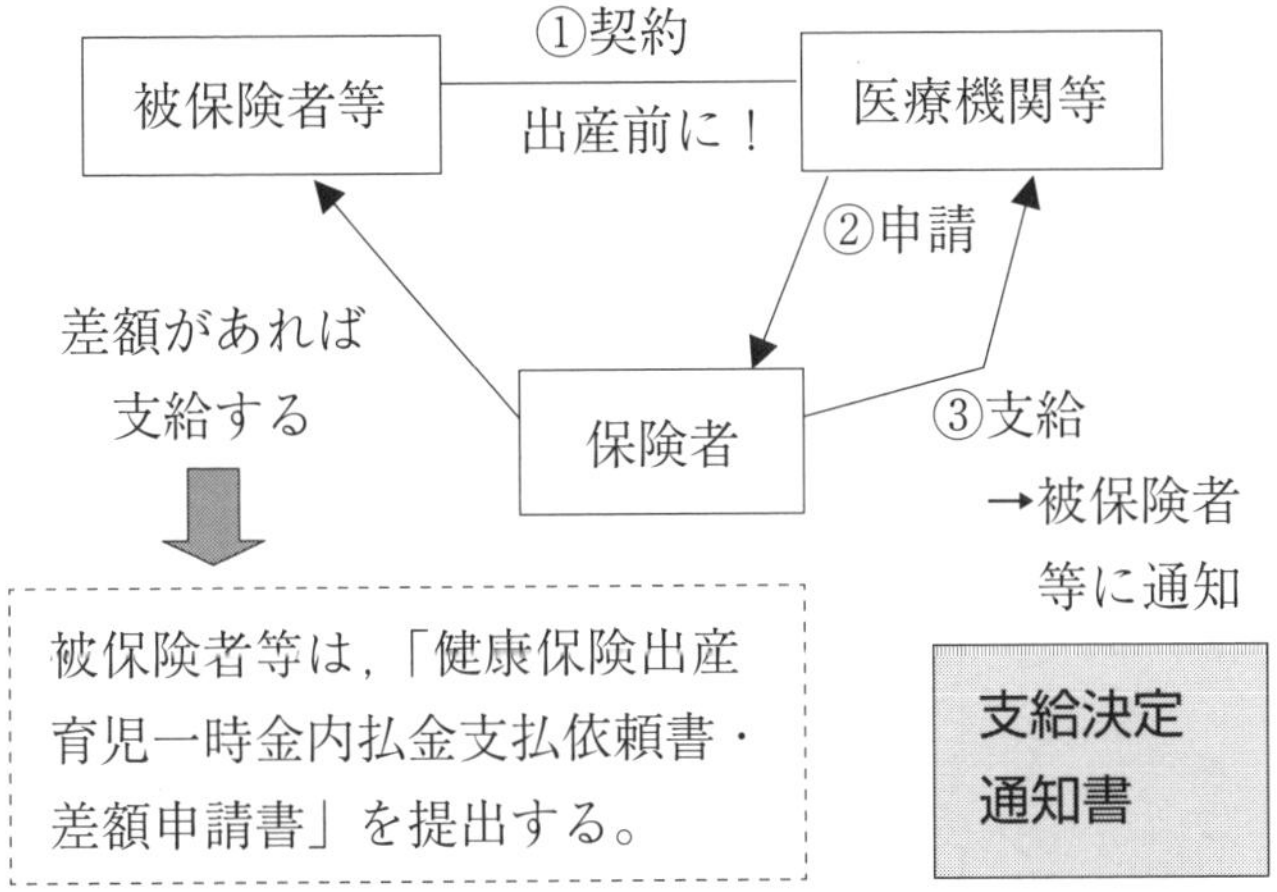

内払金支払依頼書	支給決定通知書が届く前に差額を申請する場合で，契約書の写し，出産費用の領収・明細書の写し等を添付する。
差額申請書	支給決定通知書が届いてから差額を申請する場合で，添付書類なし。

事業主・人事労務担当者の方へ　ここがポイント！

小規模の病院では「受取代理制度」を利用できる場合があり，これも被保険者等の負担が軽減される制度です。なお，産休中・育休中の方についても，出勤簿・賃金台帳の管理が必要です。

● 出産育児一時金は、健康保険に入っていない自営業者なども、もらえるのですか。

出産給付のうち、出産育児一時金は、**国民健康保険**でも、特別の理由がない限りは支給されます。所得保障である出産手当金は、国民健康保険では任意給付とされています。

● 共稼ぎで、夫は健康保険組合の被保険者、私は全国健康保険協会です。夫が加入している制度のほうが出産給付が手厚いのですが、選択はできますか。

在職中は、選択ではなく、ご自分が加入している制度から受けることになります。退職して配偶者の**被扶養者**になり、**6月以内**に出産したときは、どちらの制度から受けるか、選択できる場合があります。なお、被扶養者として受ける場合には、**家族出産育児一時金**といいます。

● 出産育児一時金は、早産の場合も受け取れますか。

出産とは、**妊娠4か月（85日）以上**の出産をいい、**「生産、死産、流産（人工流産を含む）、早産を問わない」**とされています。「4か月」と「85日」では数が合わないように見えますが、28日を1か月と考えています。28日×3＝84日で、85日目からが「4か月目」という数え方です。

【出産育児一時金の選択】

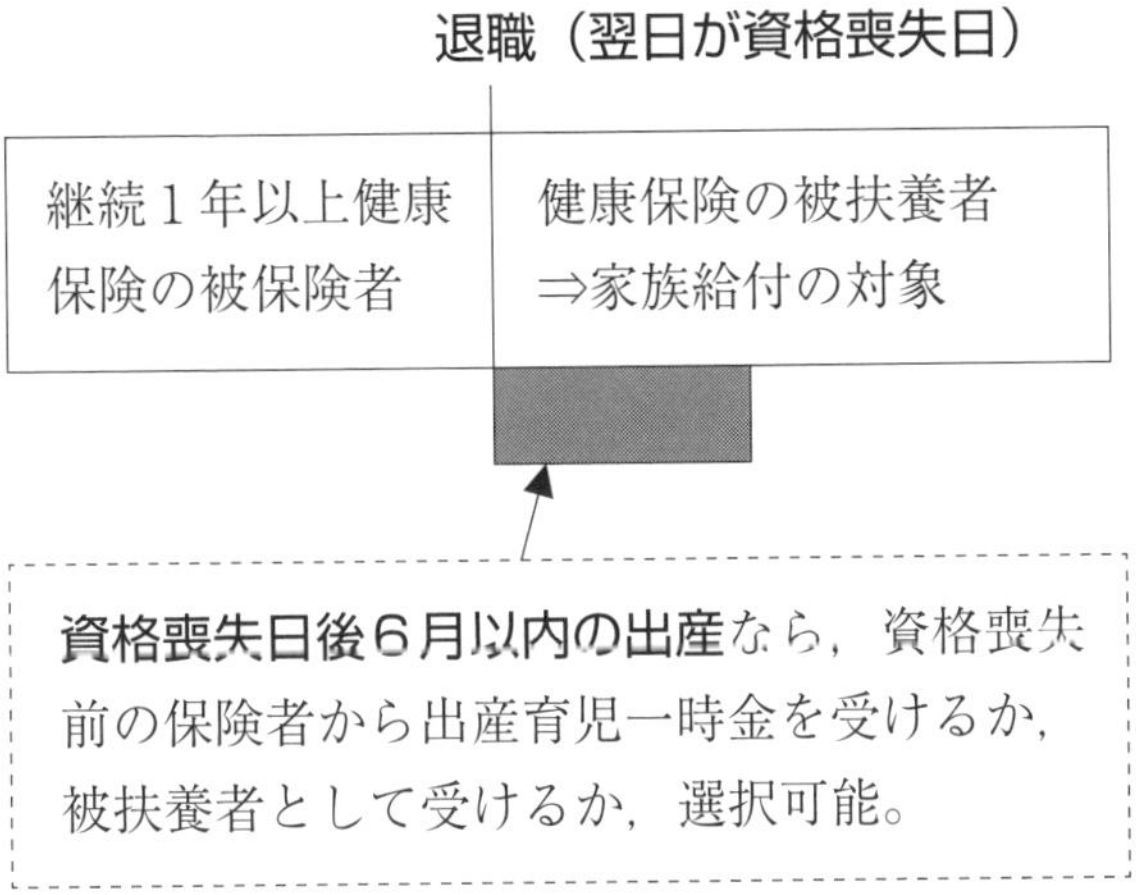
退職（翌日が資格喪失日）
継続１年以上健康保険の被保険者
健康保険の被扶養者
⇒家族給付の対象
資格喪失日後６月以内の出産なら，資格喪失前の保険者から出産育児一時金を受けるか，被扶養者として受けるか，選択可能。

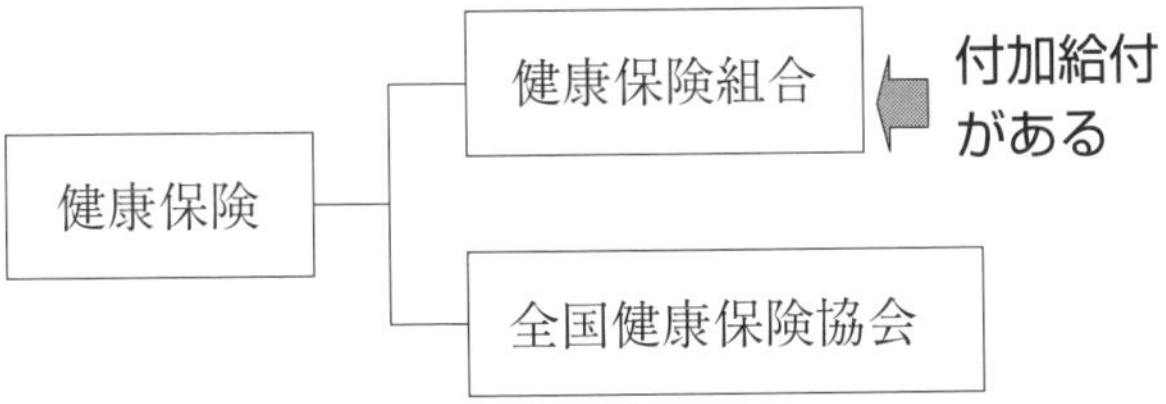
健康保険
健康保険組合
全国健康保険協会
付加給付がある

事業主・人事労務担当者の方へ　**ここがポイント！**

資格喪失後の給付として出産育児一時金を受ける場合には，退職日まで引き続き１年以上，被保険者であったことが必要です。被保険者となった日は，いわゆる「入社日」とは異なる場合があります。

●出産で休業する間、健康保険から出産手当金が支給されるということですが、金額はどのくらいですか。

まず、**直近1年間の「標準報酬月額」を平均**します。その**「30分の1」の「3分の2」が、1日当たりの出産手当金の額**です。たとえば、1年間の中に30万円という標準報酬月額の月が6回、26万円が6回だったとすれば、平均して28万円となります（（30万円＋26万円）×6÷12＝28万円）。

28万円を30で割ると、9、333円となります。**5円未満の端数は切り捨て、5円以上10円未満の端数は10円に切り上げ**ます。この場合には5円未満ですから、切り捨てて、9、330円です。その3分の2の6、220円が、1日当たりの出産手当金の額です。産前産後休業が100日間だとすれば、出産手当金の総額は622、000円となります。

●出産手当金は、いつごろ支給されますか。

産後休業が終わってから、まとめて支給申請をするのが一般的です。協会けんぽの場合は、支給申請後2週間ほどで振り込まれます。産前と産後に分けて支給申請を行うこともできますが、**事業主の証明は毎回必要**です。また、**1回目を出産前に申請した場合**は、2回目も医師又は助産師の証明が必要です。これは、**出産日を確認するため**です。

【7/10出産予定，7/12出産の場合】

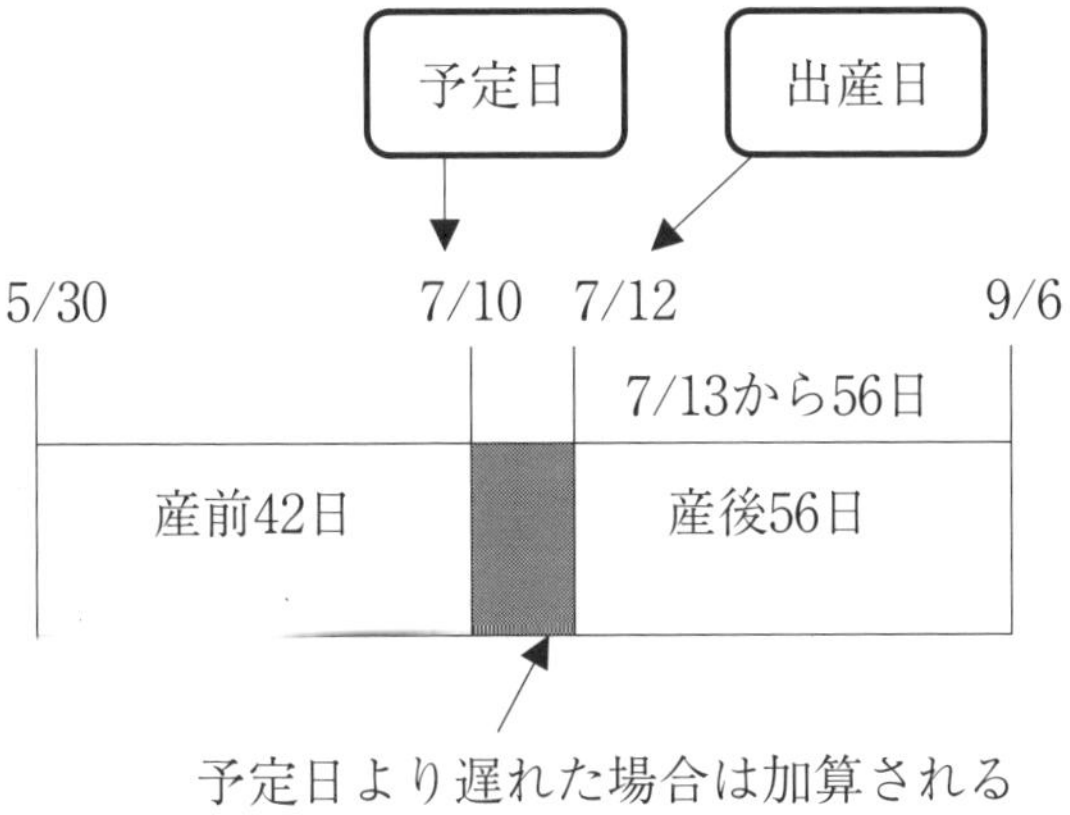
予定日
出産日
5/30
7/10
7/12
9/6
7/13から56日
産前42日
産後56日
予定日より遅れた場合は加算される

産前産後休業：42日＋２日＋56日＝100日
（５月30日から９月６日まで）

事業主・人事労務担当者の方へ　**ここがポイント！**

協会けんぽの場合は，出産手当金の初回申請時には，出勤簿（タイムカード）・賃金台帳のコピーを添付します。必要な期間は，労務に服さなかった期間と，その前１か月分です。なお，出産手当金は，有給の期間は支給額が調整されます。健康保険料・厚生年金保険料の，産休中の保険料免除については，有給・無給を問いません。

●雇用保険の育児休業給付も、お金が入るのは2か月に1回ですね。産休に入ってからしばらくは、収入が不安定になることを覚悟しないといけませんね。

お給料なら「毎月1回以上、一定期日払い」の原則がありますが、休業するとこの流れが止まります。お産の場合は、休み始めてから育児休業給付の支給が始まるまで、だいぶ間が空きます。あらかじめ、いくらかでも積立てをしておくと安心できるでしょう。

●住宅資金や教育資金は積立てを勧められますが、出産のときにまとまったお金が必要になるというのは、アドバイスされたことがなく驚いています。すごく大変そうです。

出産を考えている方も、そうでない方も、思い立った時から、コツコツお金を貯めておくことをおすすめします。就職してからすぐに始めればその分長く貯められますが、30代で初めて思い立ったら、その時からでもよいのです。たとえば、「月2万円は必ず貯める！」と決めたら、**自動的に預貯金から積立てにまわす手続き**をしておきましょう。5年間で、120万円貯まります。

積立ては、一度始めれば習慣になります。自分で作れる「安心」です。貯まったら、出産時に使えるのはもちろんのこと、不動産の購入などにも役立ちます。**自分で築く財産は、**毎日の楽しみになりますよ。

【出産・育児に関する給付】

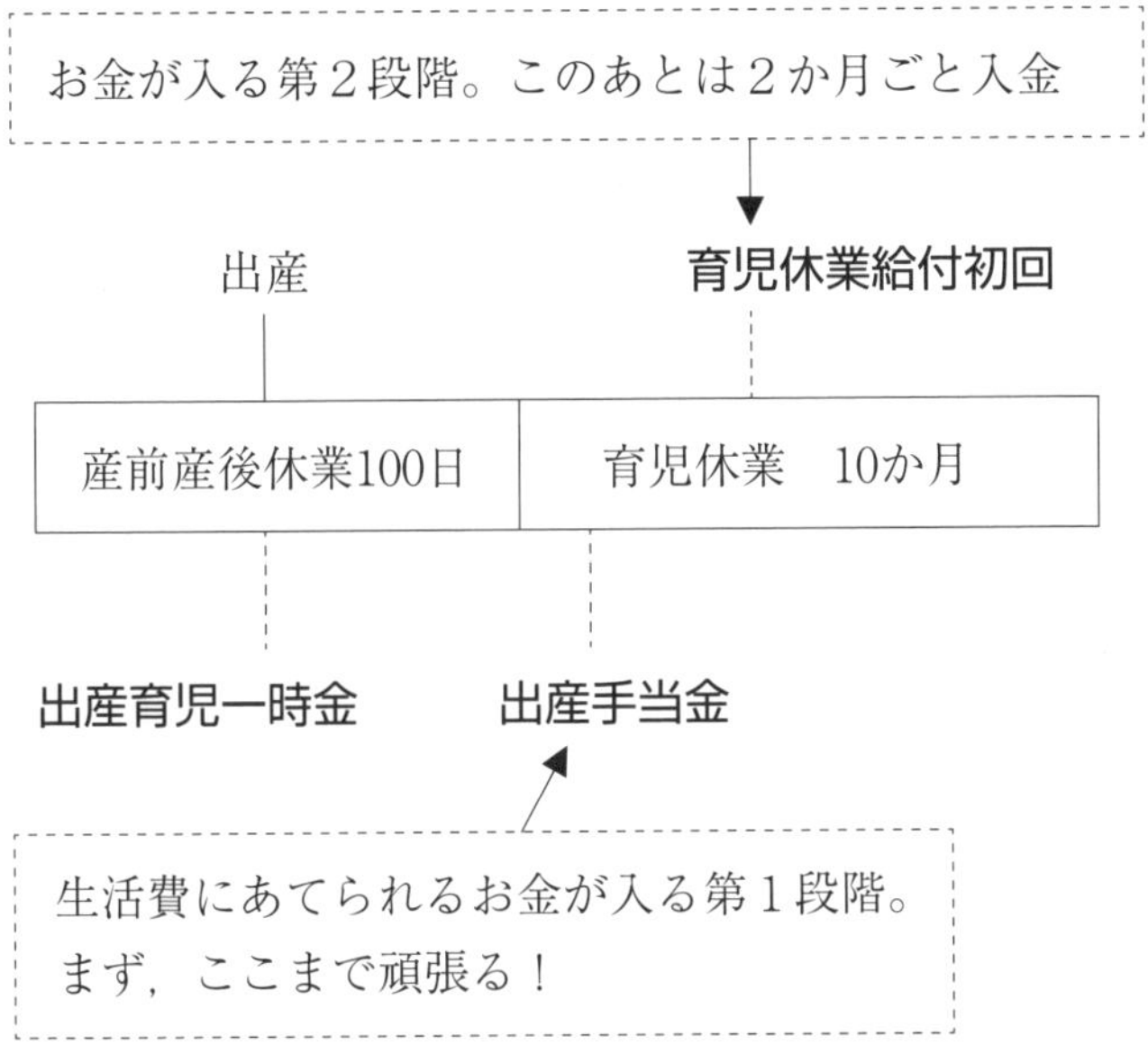

事業主・人事労務担当者の方へ　**ここがポイント！**

貯蓄は，習慣になっている人もいれば，そうでない人もいます。ひと昔前のように，残業代で住宅ローンを払える，という時代でもありません。“期待できる（期待したい）お金”ではなく，今，目の前にあるお金を大事にするよう，若い従業員さんたちに教えてあげてください。

● 出産手当金を、退職後にも受給できる制度があると聞きました。

退職する時に**出産手当金を受けられる**条件が整っていれば、退職後にも受給することができます。少なくとも、「産前」の期間に入ってからの退職ということになります。退職日まで**引き続き1年以上**、健康保険に入っていたことも条件です。これは、**継続給付の出産手当金**と呼ばれています。

● 退職してからは、健康保険の任意継続被保険者になるとよいと勧められました。どのような制度ですか。

健康保険は、事業主と被保険者が、保険料を半分ずつ負担しています。それを退職後は自分が**全額負担**して、**最大2年間**、健康保険に加入し続けるというものです。

国民健康保険に切り替えても、病院での窓口負担が原則3割であることは変わりません。しかし、**保険料の上限**を考えると、**任意継続被保険者のほうが有利**な場合があります。

被扶養者がある場合には、任意継続被保険者の手続きの際に、あらためて認定してもらうことになります。家族で国民健康保険に移ると、人数分の保険料が発生します。**健康保険なら被扶養者がいても保険料は同じ**ですから、この点でも、任意継続被保険者のほうがお得です。

【継続給付の出産手当金】

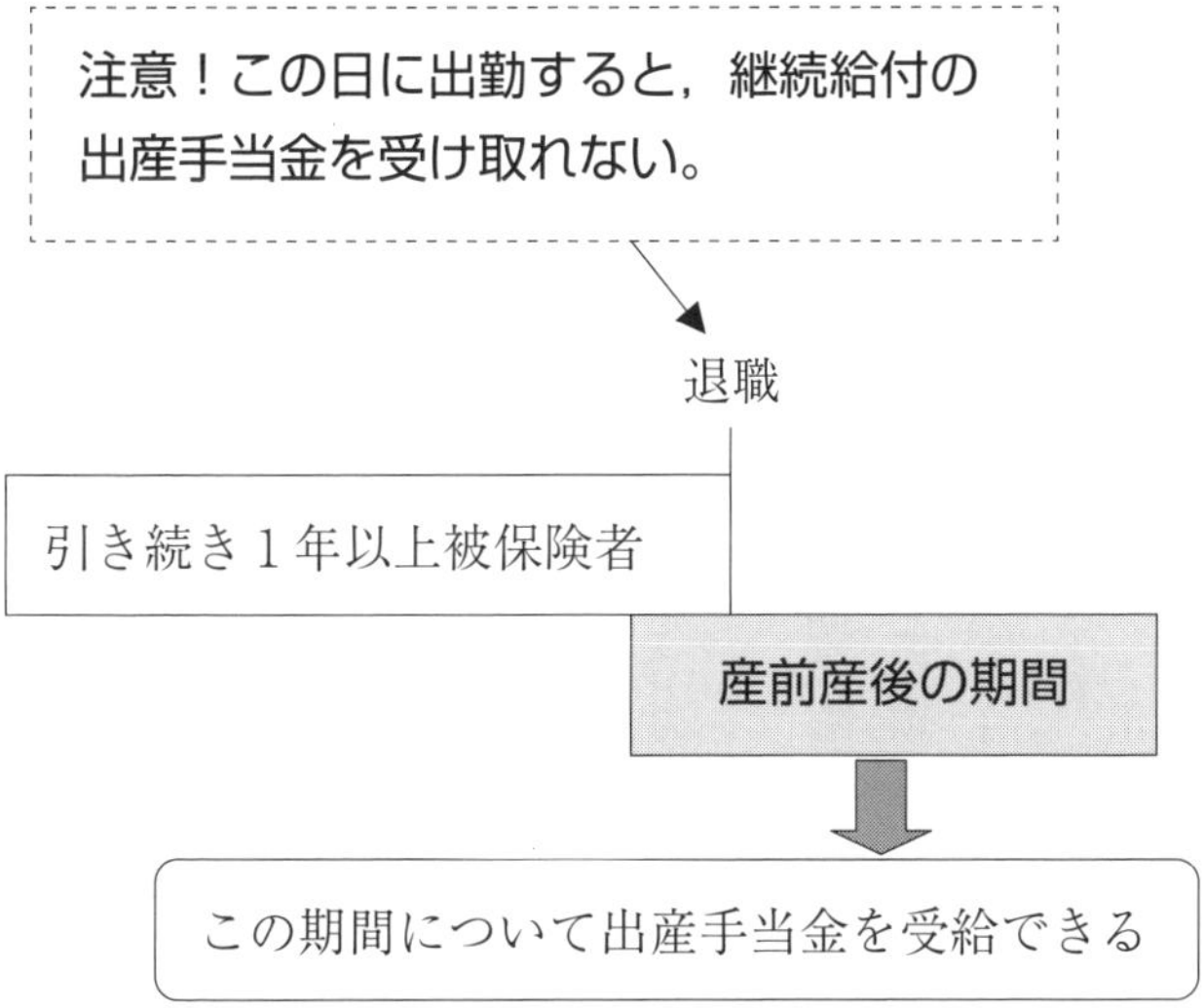

出産手当金について：全国健康保険協会「よくあるご質問」（https://www.kyoukaikenpo.or.jp/g6/cat620/r311）

事業主・人事労務担当者の方へ　**ここがポイント！**

ここに出てくる「引き続き１年以上」や，任意継続被保険者の要件である「継続して２月以上被保険者であったこと」は，１日も空けずに他の会社等で健康保険に入っていた場合も含みます。継続給付の傷病手当金も同様です。

●毎月の給料が35万円の場合には、標準報酬月額は36万円だと聞きました。任意継続をすると、単純に、これまでの保険料の倍を毎月支払うことになるのですか。

協会けんぽの場合には、任意継続被保険者の標準報酬月額は、資格喪失時のものか28万円のいずれか低い額です。あなたの場合は、28万円として保険料が計算されます。

協会けんぽは都道府県ごとに保険料率が違うのですが、標準報酬月額28万円で40歳未満なら、事業主分も合わせて月額で**約28、000円**の保険料です。**40歳以上65歳未満**なら、介護保険料も合わせて支払うため、**約32、000円**となります。

●任意継続被保険者になるかどうか、国民健康保険の保険料を調べてからのほうがよいといわれました。

国民健康保険は、**医療分と後期高齢者支援分で年間で60万円以上**支払うことがあり、ほかに**介護保険料も年間10万円以上**支払う場合があります。協会けんぽの任意継続被保険者で40歳未満の人は、月額28、000円とすると、年額336、000円です。40歳以上65歳未満でも、月額32、000円とすると、年額384、000円です。所得によっては、介護保険料と合わせて考えても、任意継続被保険者を選んだほうがお得です。退職すると職探しをするにしても交通費などがかかりますから、できるだけ節約したいところです。

【任意継続被保険者】

この日まで継続２月以上被保険者（一定のものを除く）であること

退職

被保険者	任意継続被保険者

この日の翌日が資格喪失日

資格喪失日から起算して**20日以内**に申出をし，保険料は**毎月10日まで**に，当月分を納める。

会社を退職するとき：全国健康保険協会
（https://www.kyoukaikenpo.or.jp/g3/cat315/sb3070/r147）

事業主・人事労務担当者の方へ **ここがポイント！**

任意継続被保険者の手続きは，資格喪失手続きが終わらないと進みません。任意継続被保険者を希望する方には，在職中に使っていた被保険者証（退職日までは使えます）を，早めに返納するようにお伝えください。

●国民健康保険の保険料は、どのように調べればよいのですか。

ご本人が**市区町村の窓口**に問い合わせれば、教えてもらえます。また、最近では、インターネットでも試算できるようになっています。便利な時代になりましたね。女性は標準報酬月額が低い場合が多いので、国民健康保険を選んだほうが、保険料が安い場合もあります。

●任意継続被保険者になるための手続きは、どこかの窓口に出向く必要がありますか。

郵送で手続きができます。資格取得届の送り先は**健康保険組合又は住所地の協会けんぽ**で、用紙はそれぞれのホームページからダウンロードできます。保険料の納付は、**口座振替や半年分又は1年分の前納（割引あり）**も可能です。

●出産や育児については保険料免除がありますが、病気や介護の時には、免除されないのですか。

残念なことに、免除されません。たとえば、欠勤が続いて傷病手当金を受給している場合には、その間、健康保険料が毎月発生します。長期欠勤をすることになった場合は、**保険料の被保険者負担分を事業主さんに渡す方法**を話し合っておくと、お互いに安心です。

【退職後の医療保険】

家族の被扶養者 → 新たな負担は生じない

任意継続被保険者 → 協会けんぽの保険料の上限は月額で約32,000円。健康保険組合は組合ごとに異なる

国民健康保険 → 保険料は，それぞれの市区町村のＨＰで試算できる

← 比較するとよい →

〔注意！〕 任意継続被保険者は，「自由にやめられる」わけではない。資格喪失となるのは，**2年経った**とき，**死亡した**とき，**保険料を納めなかった**とき，**就職などで別の医療保険に入った**とき，**後期高齢者医療の被保険者**等となったとき。

事業主・人事労務担当者の方へ　ここがポイント！

従業員さんの退職の際には，住民税についての，「給与所得者異動届出書」の提出もお忘れなく！

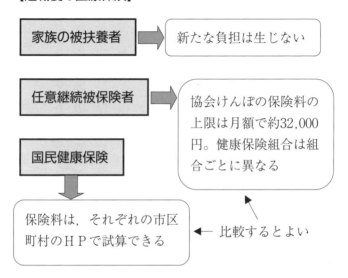

【国民年金法】

●会社に入りました。「年金手帳があれば一度会社に提出してください」といわれたのですが、これは何のためですか。私は今22歳で、これが初めての就職です。

あなたは、会社で厚生年金保険に入り、**同時に国民年金にも入ります。**国民年金の、**第2号被保険者**となるのです。20歳から就職までの間は国民年金の**第1号被保険者**だったでしょうから、その年金手帳を見せてください、ということです。

年金は、就職、退職などによって被保険者の種類が変わりますが、平成9年からはひとつの番号で管理しています。これを、**基礎年金番号**といいます。

●私は、高校を卒業してすぐに就職することになりました。私の基礎年金番号というのは、ここで初めて振られることになるのでしょうか。

10代で就職して厚生年金保険に入ると、**国民年金の第2号被保険者**となり、その時に振られた基礎年金番号を一生使うことになります。あなたにはここで初めて**年金手帳が交付**されますから、年金を受け取る時期になるまで、なくさないように大切に保管してください。なくしてしまった場合には、すぐに**再交付**の手続きをしておきましょう。

【国民年金の被保険者の年齢区分】

第１号被保険者	**20歳以上60歳未満**（老齢厚生年金等の受給権者は除外される）
第２号被保険者〔厚生年金保険の被保険者〕	原則として年齢制限はないが，**65歳以上**で老齢基礎年金等の受給権があると除外される
第３号被保険者	**20歳以上60歳未満**

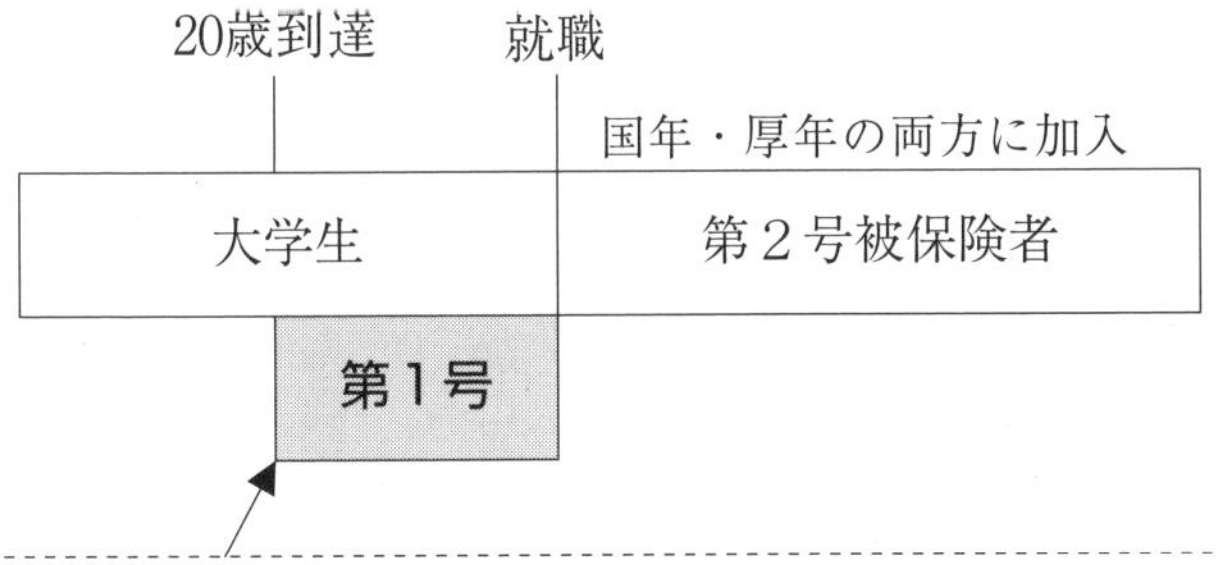

20歳到達予定者で厚生年金保険に入っていない人には，日本年金機構の事務センターから書類が届く。

事業主・人事労務担当者の方へ　**ここがポイント！**

同じ「新卒」でも，高卒なら10代なので問題ありませんが，大卒の方については，必ず年金手帳の有無を確認してください。ご本人が見たことがなくても，実家で親御さんが保管している，ということが多いのです。

●私の母は、年金手帳を2冊持っています。このような人は珍しいのでしょうか。それとも、たくさんいるのでしょうか。

珍しいことではありません。昭和61年3月までは、基礎年金の制度自体がなかったため、共済組合と厚生年金保険と国民年金が、別々に管理されていました。**昭和61年4月**からは、どの制度に加入していても、要件を満たせば基礎年金を受け取れることになりました。年金番号が統一されるようになったのは、平成9年からです。

まずは、2冊の年金手帳の**年金番号が同じかどうか**確認してください。**同じならいずれか1冊を保管すればよい**のですが、異なる場合には**年金事務所**で統合してもらいましょう。

また、結婚などにより姓が変わった場合には、**旧姓の記録**が分散してしまうこともあります。ねんきん定期便で、**空白の期間がないかどうか**確認しましょう。漢字の違いにより別人扱いされる場合もあります。

●私は今19歳で、サラリーマンと結婚して専業主婦になりました。サラリーマンの妻は第3号被保険者だと聞いたのですが、私も該当しますか。

20歳未満なので、今はまだ、第3号被保険者には該当しません。**20歳**になったら、国民年金第3号被保険者の資格取得届を提出してください。

【年金手帳等の整理】

①厚生年金保険被保険者証	昭和49年９月までに**厚生年金保険**の資格取得手続きをした人
②茶色，水色，肌色などの国民年金手帳	昭和49年９月までに**国民年金**の資格取得手続きをした人（５年ごとに色が更新されていた）
③オレンジ色の年金手帳	昭和49年10月～平成８年12月に年金の資格取得手続きをした人
④青色の年金手帳	平成９年１月以降に年金の資格取得手続きをした人

・　④が２冊以上→基礎年金番号が複数ある。
・　④と，④以外の番号がある→基礎年金番号で管理できない記録があると考えられる。
・　２冊以上の手帳があり全て④以外→基礎年金番号通知書があれば，その番号に統一されている。

日本年金機構「年金Ｑ＆Ａ」
（https://www.nenkin.go.jp/faq/seidozenpan/kisoban/tsuchisho/index.html）

事業主・人事労務担当者の方へ　ここがポイント！

複数の年金手帳を持っている方については，全て預かり，統合の手続きをしておきましょう。

●私は、平成8年6月10日生まれです。5歳上のサラリーマンと結婚していて、専業主婦です。私は、いつから第3号被保険者になりますか。

平成28年6月9日に、**第3号被保険者**の資格を取得します。**20歳に達するのは、20歳の誕生日の前日**です。これは、**年齢計算ニ関スル法律**によって決まっている考え方です。小学校などが、「4月1日生まれまで」と「4月2日生まれから」で学年を分けているのも、この数え方によります。

なお、年金の被保険者期間は、**月を単位**としています。20歳に達した日の属する月が、1か月目です。

●私はパートタイマーで、月7万円ぐらいの収入です。他の要件を満たすと、第3号被保険者になれますか。

第3号被保険者は、**20歳以上60歳未満**で、**主として第2号被保険者の収入によって生計を維持する人**です。月7万円ぐらいということは、年に換算すると84万円ぐらいですね。生計維持の認定要件は、年収130万円未満で、かつ、第2号被保険者の年収の2分の1未満などとなっています。あなたは、年収要件は満たすと思われますので、他の要件を満たせば第3号被保険者です。

【第３号被保険者の資格取得届】

〔注意！〕**配偶者が第２号被保険者でなくなった場合**（退職など）には，忘れずに第１号被保険者に切り替えておきましょう。

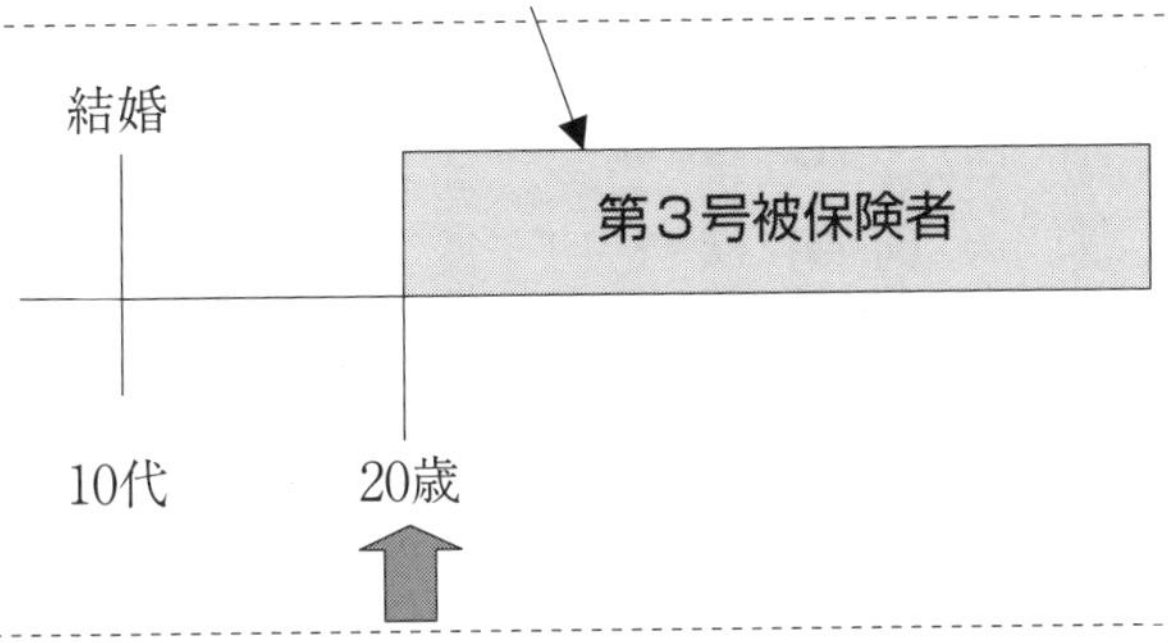

配偶者を使用している事業主を経由して，資格取得届を提出する。書類には，住所・氏名等の記入，印鑑のほか，平成29年からはマイナンバーの記入も必要となる。

事業主・人事労務担当者の方へ　**ここがポイント！**

若い夫婦は，年金に無関心です。20歳未満の配偶者がいる従業員さんについては，いつ20歳になるのかを分かるようにしておき，時期が来たら教えてあげるとよいでしょう。なお，「妻」限定ではありませんから，男性が第３号被保険者になることもあります。

●個人商店を営む男性と結婚し、その仕事を月8万円ぐらいの給料で手伝うことになりました。夫の収入によって生計を維持していることになると思うのですが、第3号被保険者には該当しないと言われました。なぜですか。

個人事業主は、厚生年金保険の対象外とされています。

第3号被保険者は、**「第2号被保険者」**の配偶者であることが前提となっています。第2号被保険者は「厚生年金保険の被保険者」で、あなたの夫はこれに該当しないため、「第2号被保険者と第3号被保険者」というカップルが成立しないのです。

●第3号被保険者になっていましたが、離婚することになりました。すぐに就職しない場合には、私は第1号被保険者になるのでしょうか。

日本国内に住所を有し、第2号被保険者にも第3号被保険者にも該当しない人は、20歳以上60歳未満であれば、原則として**第1号被保険者**です。離婚した場合も同様です。第3号被保険者の時には保険料の個人負担がなかったわけですが、今度は保険料の個人負担が生じます。国民年金の保険料は、**月額で約16,000円**です。払うのが大変な場合には、免除の要件に該当するかどうか、市区町村の窓口で相談してみましょう。所得に応じて、多段階で要件が定められています。

【第３号被保険者になれる可能性があるかどうか
(夫婦とも年齢要件等を満たしている場合)】

個人事業主と結婚し手伝いをする，又は専業主婦	×
法人の代表者と結婚し専業主婦になった	○
法人の代表者と結婚し自分も**常勤**の役員となった	×
夫がサラリーマンをやめて**個人経営の飲食店開業**	×
サラリーマンと結婚	○

⇩

〔注意！〕事業主と結婚，又は配偶者が事業主になることと，「年金記録上，自分が有利になるか」は，全く別の問題。

【第３号被保険者の資格取得手続き】

必要事項を記入して**配偶者に預ける** ⇨ 配偶者が**勤め先の担当者**に渡す⇒担当者が提出する

事業主・人事労務担当者の方へ ここがポイント！

第３号被保険者については，住所変更の届出も配偶者の勤め先経由で行います。住所の届出は，年金での重要な手続きのひとつとなっています。

●共稼ぎで2人とも厚生年金保険に入っているのですが、私の方が収入が少ないので、第3号被保険者になれたらと考えています。

今はお2人とも、国民年金の**第2号被保険者**という状態ですね。あなたが現在、厚生年金保険に入っているということは、厚生年金保険に入るべき人であると考えられます。厚生年金保険への加入は強制ですから、働き方が今までと同じなら、引き続き加入することになります。あなたの勤務形態が変わり、年収が少なくなれば、健康保険の被扶養者と国民年金の第3号被保険者になれる可能性があります。

●合算対象期間というのは、何ですか。

国民皆年金が実現したのは昭和36年4月ですが、しばらくの間は**任意適用又は適用除外**とされていた人たちがいました。**「サラリーマンに扶養されている配偶者」**や、**学生**さんは、今と違って任意適用だったのです。また、**日本国籍を有しない人や国会議員**は、ある時期までは適用除外でした。これらの期間を年金の受給資格期間に含めれば、受給資格を得られる人がたくさんいます。これが、合算対象期間の考え方です。「保険料納付済」や「保険料免除」でなくても、**老齢基礎年金の受給資格期間に算入される**のです。ただし、老齢基礎年金の額には反映されません。このため、**「カラ期間」**とも呼ばれます。

【老齢基礎年金の受給資格期間】

保険料納付済期間　保険料免除期間

原則として，合わせて25年以上あると老齢基礎年金の受給資格期間を満たす（法改正で10年に短縮される予定）

合算対象期間　これも使える！

第２号被保険者の厚生年金保険料に，第２号被保険者と第３号被保険者の基礎年金にあてるお金が含まれている。このため，第３号被保険者の期間はすべて「保険料納付済期間」となる。

※ 「25年以上」には，生年月日等に応じた経過措置がある。

事業主・人事労務担当者の方へ　ここがポイント！

「夫の扶養でいたい」という相談には，健康保険・年金の話（年収130万円未満など）と，税金の話（年収103万円以下）の２種類があります。勤務形態の相談があった時には，このあたりをよく確認するとスムーズです。

● 厚生年金保険に10代から加入した場合には、老齢基礎年金の受給資格期間としては、どのような扱いになりますか。

20歳前の期間は、合算対象期間となります。**老齢基礎年金は、４８０月の保険料納付済期間がある人に対して満額支給する**というのが、基本的な考え方です。４８０月に満たないと、その分だけ減額されます。このように40年という枠を設けているため、受給資格期間をみるときにも、どこかで**40年の区切り**を設ける必要が生じました。そこで、厚生年金保険の期間は、**20歳以上60歳未満の期間だけ**を保険料納付済期間としました。**20歳未満の期間と60歳以後の期間は、合算対象期間**です。老齢厚生年金の額には反映されます。

● 合算対象期間がある場合に、年金額はどのくらいになりますか。

たとえば、専業主婦としての**合算対象期間が10年**で、**第3号被保険者としての期間が20年**あり、その後は未加入だった場合は、老齢基礎年金の額は**満額の2分の1**となります。老齢基礎年金の額を７８０、０００円とした場合は、その2分の1は３９０、０００万円です。合算対象期間と、**婦人の年金権の確立**（第3号被保険者の創設）によって実現した支給額といえます。旧法では専業主婦に自分の年金がなかったことを考えれば、今は民主的な制度になっているといえるでしょう。

【専業主婦の合算対象期間】

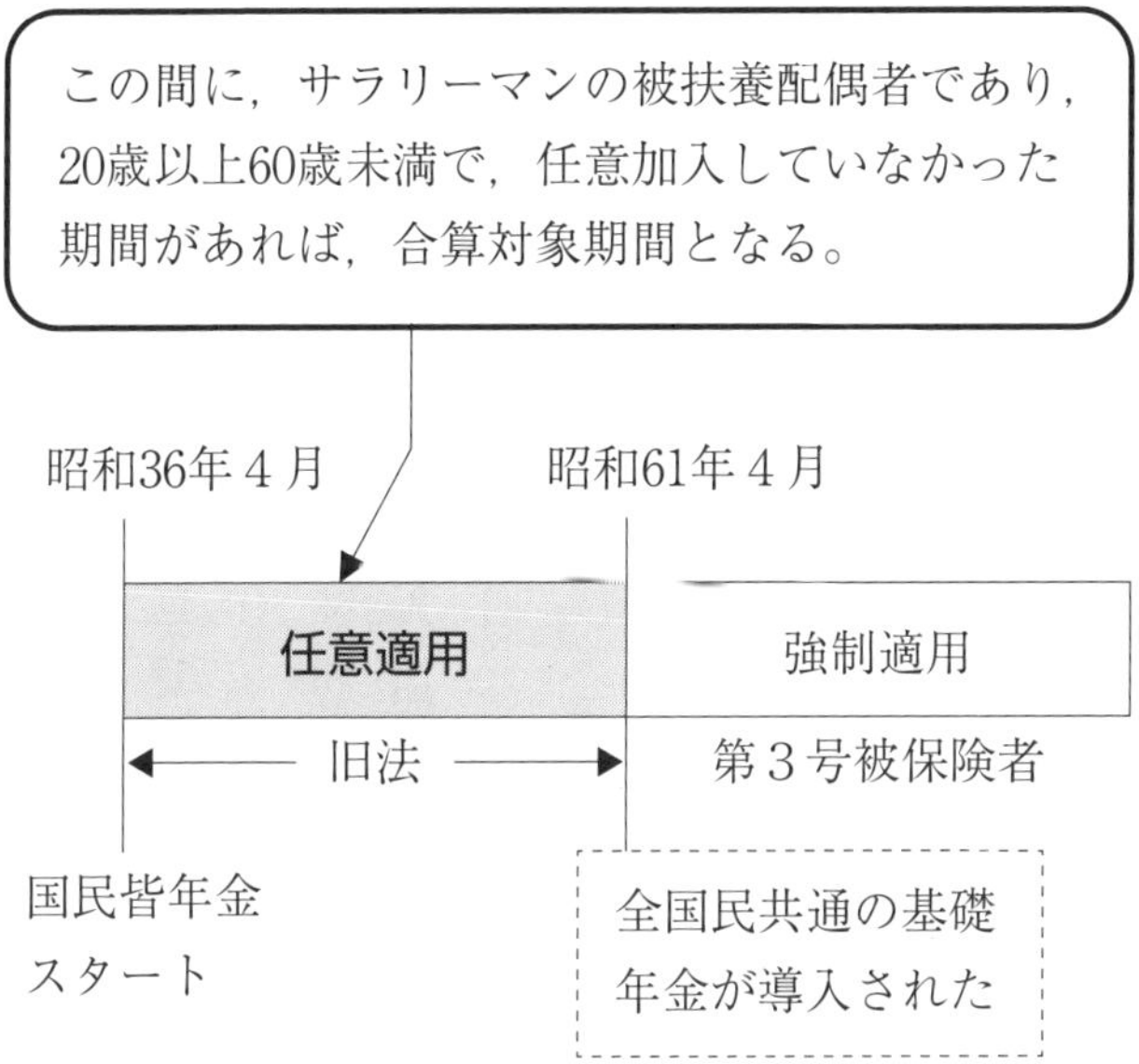
この間に，サラリーマンの被扶養配偶者であり，20歳以上60歳未満で，任意加入していなかった期間があれば，合算対象期間となる。
昭和36年４月
昭和61年４月
任意適用
強制適用
旧法
第３号被保険者
国民皆年金スタート
全国民共通の基礎年金が導入された

事業主・人事労務担当者の方へ　ここがポイント！

第３号被保険者には，事実婚の配偶者も含まれます（労災保険・雇用保険・健康保険・厚生年金保険の「配偶者」も事実婚を含む）。事実の確認として手続きの際に住民票を添付しますが，続柄が重要です。「妻（未届）」「夫（未届）」となっていればよいのですが，「同居人」では認められません。

●振替加算は、なぜ生年月日要件があるのですか。

振替加算は、それまで配偶者に支給されていた年金の一部が、自分のほうに移ってくる制度です。**昭和41年4月1日までに生まれた人が対象となっています。**金額は、年額15,000円位から220,000万円位まで、**生年月日に応じて区分されています。**生年月日が新しい人のほうが、振替加算が少なくなります。**新法の対象者としての期間が長ければ、専業主婦の人も強制加入の期間が長くなり自分の年金が多くなるため**、加算額は少ないのです。昭和41年4月2日以後に生まれた人は、新法がスタートした**昭和61年4月1日**に20歳で、最初から強制加入ですから、老齢基礎年金を満額にすることができます。このため、振替加算の対象者は、生年月日で明確に区分されています。

●第1号被保険者として納め忘れた保険料は、どのくらいさかのぼって納められるのですか。

5年以内なら、さかのぼって納付できます。これを、**後納保険料**といいます。また、第1号被保険者としての**保険料免除期間**は**10年以内**なら後から保険料を納めておくことができます。これを**追納**といいます。**学生の全額免除**や、**20代限定**（平成28年7月から50歳未満に拡大）**の全額免除**は、追納しないと老齢基礎年金の額に反映されません。

【振替加算】

①夫の年金に**「配偶者加給年金額」（約22万円）**が妻が65歳になるまで加算される。⇒②妻が65歳になり，老齢基礎年金を受給するようになると，妻に**「振替加算」（約22万円×生年月日に応じた率）**が加算される（夫，妻は例示）。

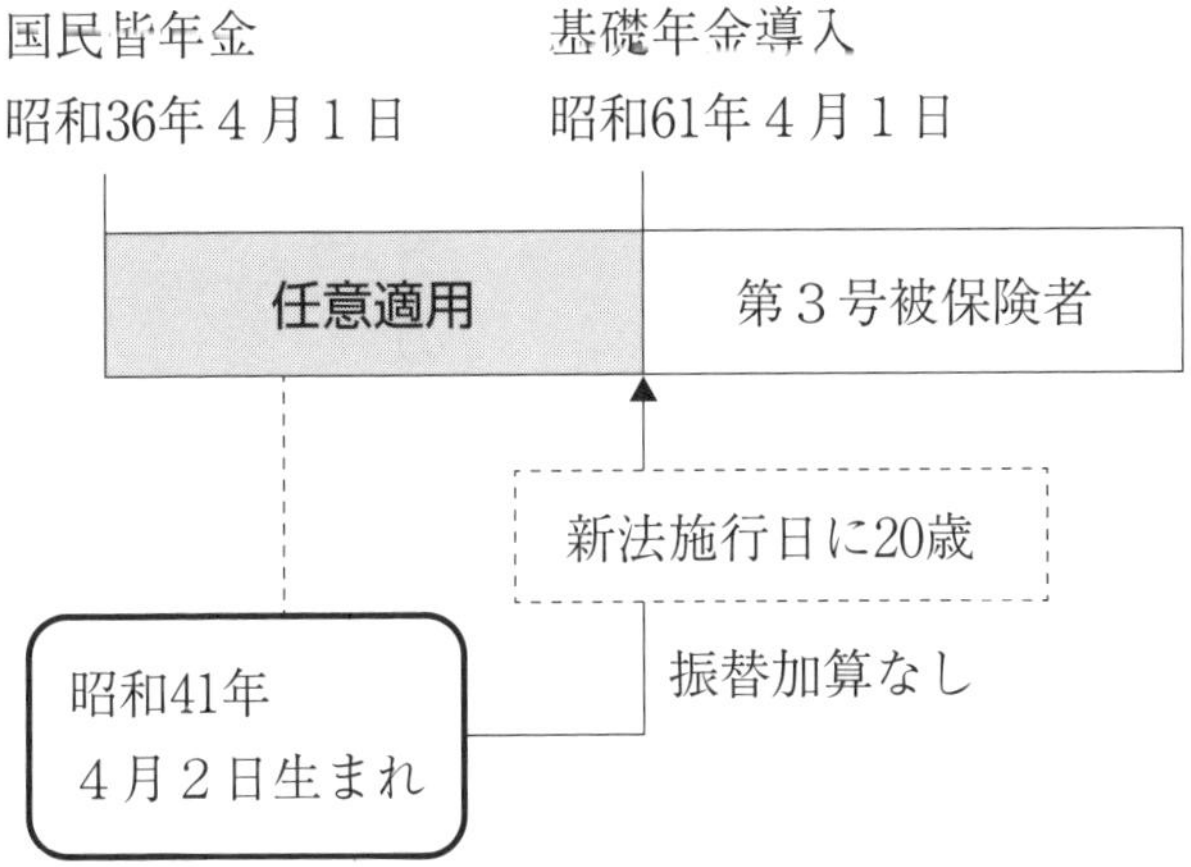

事業主・人事労務担当者の方へ　ここがポイント！

厚生年金保険は70歳未満の人が強制加入です。在職中でも，老齢基礎年金は全額支給されます。年金受給者が入社した時にも，適用除外者でなければ厚生年金保険の資格取得手続きをしてください。

●第3号被保険者の届出は、もれなく行われているのですか。

書類には、「届出もれ」の問題がつきものです。第3号被保険者の届出は、年金制度の中でも、届出もれが多い書類の代表格です。当初は第3号被保険者が、直接、役所に届けるという方法でした。その結果として、大変な数の届出もれがあることが判明しました。

そこで、法改正により、**配偶者を使用している事業主を経由**して届出を行うことになりました。具体的には、**健康保険の被扶養者の認定**と同時に手続きをします。これなら、届出もれを防ぐことができますね。

●第3号被保険者に関する、特定保険料というのは、何ですか。

これは、「第3号被保険者ではなくなった」という手続きが済んでいなかった場合の問題です。たとえば、夫が会社をやめた場合には第2号被保険者ではなくなり、妻は第3号被保険者でなくなります。このような人について、**年金の記録上は引き続き第3号被保険者として扱われていた**ため、「年金の払いすぎ」という事態が生じました。

そこで、**第1号被保険者として払うべきだった保険料**を、さかのぼって納めてください、という特例を設けました。これが特定保険料です。特定保険料を**平成30年3月31日まで**に納めれば、**年金の減額**を防ぐことができます。

【第３号被保険者に関する問題】

〔原則〕**２年間までの遡り**が認められている
（保険料の徴収権の消滅時効が２年のため）

資格取得届が遅れている

平成17年４月１日前の期間なら，理由を問わず届出可能

平成17年４月１日以後の期間については，**やむを得ない事由**があれば特例で届出が可能

年金記録上は引き続き第３号被保険者だったが，実は第１号被保険者として保険料を納めるべきだった

直近の２年分は普通に納められるが，その前の期間の分は？

特定保険料として最大で10年前の分まで納付できる
（その前は届出により受給資格期間のみに算入）

国民年金保険料専用ダイヤル　0570－011－050

● **夫の暴力から逃れるために家を出ました。国民年金の保険料の免除は、私の所得だけで要件をみてもらうことは可能ですか。**

平成24年の改正により、可能となりました。国民年金の保険料は、申請によって、**全額、4分の3、半額、又は4分の1**を免除してもらうことができます。「保険料を納付することが著しく困難である場合として天災その他の厚生労働省令で定める事由があるとき」という免除事由があり、ここに、いわゆるDVの場合が含まれます。申請による保険料免除には所得要件がありますが、DV被害の場合には、**配偶者の所得は考慮されません。**

この免除の申請は、**年金事務所**で行います。免除される期間は、**7月から6月までの1年間**で区切られています。初回は、**「配偶者からの暴力の被害者の保護に関する証明書」を添付**して申請してください。これは、**婦人相談所**又は**配偶者暴力相談支援センター**等の公的機関が発行するものです。

● **DV被害を理由に、国民年金保険料の免除の申請をすると、住所が夫に分かってしまうのではないでしょうか。**

年金記録上の住所が相手に知られないように、**「秘密保持の配慮」の手続き**をしておきましょう。免除の申請と合わせて相談できます。

【国民年金保険料の１か月の納付額（平成28年度）】

全額免除	0円
４分の３免除	4,070円
半額免除	8,130円
４分の１免除	12,200円

【配偶者からの暴力被害者に対する支援】

○国民健康保険

事実上の住所の確認等により加入できる。

○生活保護

「居住地」を管轄する福祉事務所に申請⇒「住民票の住所」に限定していない。

○お子さんの学校

［原則］住民基本台帳に基づいて学齢簿を編製し学校を指定する

↓

［ＤＶ被害の場合］住民基本台帳に記載されていなくても，児童・生徒が「そこに住んでいる」ことに基づいて学齢簿を編製し，学校を指定する

○児童手当，児童扶養手当

住んでいる市区町村で申請できる。

（男女共同参画局「配偶者からの暴力被害者支援情報」）

【厚生年金保険法】

●私は20歳で今の会社に入り、もうじき25年になります。25年間年金に加入すると受給資格ができるということは、その後は自由に脱退できるのですか。

厚生年金保険は強制加入なので、**自由に脱退することはできません。**老齢基礎年金は、25年の加入で受給資格ができます。また、あなたは厚生年金保険に加入していますから、**65歳からは老齢厚生年金**も受け取れます。厚生年金保険は、長く入ればそれだけお得ですから、将来を楽しみにしながら働いてください。

●株式会社をつくりました。従業員はいません。厚生年金保険に入る義務はありますか。

厚生年金保険は、法人であれば、**常時従業員を使用する場合**には、強制適用となります。法人の代表者等はどうなるのかというと、**「法人から労働の対償として報酬を受けている者は被保険者となる」**という取扱いがあります。あなたは株式会社の代表取締役ですから、これに基づいて判断されます。

なお、事業所が新規に厚生年金保険（と健康保険）に入る場合は、**「新規適用届」**が必要です。提出には、**日本年金機構事務センター**への郵送が便利です。

【厚生年金保険の適用事業所】

強制適用事業所

↓

① **常時5人以上**の従業員を使用する，**個人経営**の適用業種（**保健衛生業**や，**教育・研究・調査業**など）
② 国，地方公共団体又は**法人**の事業所であって，**常時従業員を使用するもの**
③ 船員法1条に規定する船員として，船舶所有者に使用される者が乗り組む**船舶**

個人経営のサービス業，農林水産業，法務業，宗教業は，従業員が何人いても任意適用

事業主・人事労務担当者の方へ **ここがポイント！**

年金を受給し始めた従業員さんが，「厚生年金保険を抜けたい」とおっしゃることが，あると思います。勤務形態や年齢によって対象外とならなければ，抜けることはできません。このような時は，「あとで再計算されて年金額が増えますから，無駄にはなりませんよ」と教えてあげてください。

●**法務業の資格をとって、個人の事務所を開きました。フルタイムの職員（30歳）を1人雇います。私は、厚生年金保険に入ることはできますか。**

個人事業主は、残念ながら、厚生年金保険に入ることができません。職員さんについては、**任意加入**の申請をして**厚生労働大臣の認可**を受ければ、被保険者となります。厚生年金保険の任意加入には、事業所としての加入と、個人単位での加入があります。給付が充実していることを重視するなら、健康保険と厚生年金保険に、事業所として任意加入するのがよいでしょう。

職員の方が将来の年金だけを重視しているなら、厚生年金保険の**任意単独被保険者**という道もあります。これは、事業主であるあなたが**保険料を半額負担**し、毎月きちんと**納付する**などの義務に**同意**する必要があります。

●**遺族基礎年金や遺族厚生年金は、ある程度の金額が保障されているのですか。**

遺族基礎年金は、**７８０，９００円×改定率**に、**子の加算**がつきます。**遺族厚生年金**は定額制ではありませんが、若い被保険者が死亡した場合などには、**被保険者期間３００月**として計算する保障があります。たとえば、30歳で死亡した人について、厚生年金保険に**25年間加入していた**ものとして計算してくれるのです。

【遺族基礎年金と遺族厚生年金】

〔子又は子のある配偶者には両方支給される〕

死亡した被保険者等の給料・賞与をもとに年金額を算出し，原則としてその**4分の3**を支給する。平均30万円で30歳の被保険者の死亡なら，遺族厚生年金の額は年額で約38万円となる。

遺族厚生年金

遺族基礎年金　780,900円×改定率

〔子の加算〕
224,700円×改定率
3人目以降は74,900円×改定率
配偶者には，必ず子の加算がある。

事業主・人事労務担当者の方へ　**ここがポイント！**

遺族基礎年金や遺族厚生年金を受けている方が就職しても，それによって年金が支給停止されたり，受給権が消滅したりすることはありません。

●短時間労働者に対する厚生年金保険等の適用拡大について、教えてください。

平成28年10月から施行される予定の改正です。短時間労働者については、これまで、週30時間以上の労働が適用の目安でしたが、これが大きく変わります。

① **週20時間以上**であること
② **月額8万8千円以上**の給料（年収106万円以上）であること
③ 勤務期間が**1年以上見込まれる**こと
④ 従業員が**501人以上**の企業であること

この改正により、新たに健康保険と厚生年金保険に入ることになるのは、25万人ほどと見込まれています。なお、①～④に当てはまる場合でも、**学生さん**には適用されません。

●厚生年金保険には、保険料の掛捨てを防止する給付はありますか。

脱退一時金がありますが、これは、**短期滞在の外国人**に対するものです。脱退一時金は、国民年金にもあります。また、国民年金には、**寡婦年金**、**死亡一時金**という掛捨て防止の給付があります。

海外で働く場合の措置としては、**医療や年金の二重加入を防止**するため、**社会保障協定**が締結されています（平成28年2月現在、15か国との間で発効済み）。

【厚生年金保険等の適用拡大】

① 週20時間以上の労働である。
② 給料が月額88,000円以上（年収106万円以上）である。
③ 勤務期間が１年以上見込まれる。
④ 従業員が501人以上の企業である。

⬇

学生を除き，厚生年金保険等に強制加入となる

①は，「所定労働時間」（就業規則，雇用契約書等により，その者が通常の週に勤務すべきこととされている時間）で判断する。

事業主・人事労務担当者の方へ **ここがポイント！**

所定労働時間が１か月単位で定められている場合には，１か月の所定労働時間を「12分の52」で除して算定します。１か月を約4.3週と考えて計算するという方法です。

健康保険，厚生年金保険，雇用保険のいずれも，適用されるかどうかは，主に労働時間から判断されます。適正に加入しているか，時々見直しをしてください。

【その他の労働・社会保険の諸法規】

● 男女雇用機会均等法について、教えてください。

募集、採用、昇進などにあたり、直接に又は間接的に、性別により差別することを禁止していいます。ただ、女性が差別されている現状を改善するために女性を有利に扱うことは禁止されていません。これを、**ポジティブ・アクション**といいます。**マタハラの禁止やセクハラの防止義務**も、均等法に定められています。**妊娠中や出産後の健康管理**も重要です。

具体的に、どのような措置をとればよいのかは、厚生労働省のホームページで確認することができます。また、**各都道府県労働局に置かれている「雇用均等室」**では、事業主さん、労働者の方、それに学生さんなどからの相談を受け付けています。

● パートタイム労働法について、教えてください。

パートタイムの労働者に労働条件をきちんと明示することや、正社員への転換の推進などが定められています。**仕事の内容や、人事異動等の有無・範囲が正社員と同じ人について**は、短時間労働であることを理由に、**賃金、教育訓練、福利厚生施設の利用などについて差別をしてはいけません。**

【男女雇用機会均等法】

性別を理由とする差別を禁止！

↓

① 労働者の募集及び採用
② 労働者の配置（**業務の配分及び権限の付与を含む**），昇進，降格及び教育訓練
③ 住宅資金の貸付けその他これに準ずる福利厚生の措置であって厚生労働省令で定めるもの
④ 労働者の職種及び雇用形態の変更
⑤ 退職の勧奨，定年及び**解雇**並びに**労働契約の更新**

〔間接差別〕①募集・採用で**身長・体重・体力**を要件とすること，②募集・採用・昇進・職種の変更にあたり**転勤に応じられること**を要件とすること，③昇進にあたり**転勤経験**を要件とすること。

↓

実質的に性別を理由とする差別になる

事業主・人事労務担当者の方へ　ここがポイント！

セクハラに関しては，事業主さんが相談・対応の体制を整えておくことが義務づけられています。

●労働契約法について、教えてください。

就業規則、解雇などに関する、最高裁判所の代表的な判例をまとめあげた法律です。**有期労働契約の更新**に関する規定が増え、注目度が高まっています。

①**契約期間中の解雇**は、やむを得ない事由がなければできない。

②必要以上に**短い期間を定めて反復更新する**ことがないように配慮すること

③**2以上の有期労働契約が通算5年を超えた労働者**は、**無期契約への転換を申し込む**ことができる（注意！「正社員に転換」ではない）。

④有期労働契約の更新を労働者が期待する合理的な理由がある場合等に、労働者が更新の申込みをしたときは、使用者がそれを拒絶できないことがある。

⑤有期労働契約の労働者について、無期契約労働者と違う労働条件を定める場合は、実態を考慮して慎重に**（期間の定めがあることによる不合理な労働条件の禁止）**

興味深い内容ですが、この法律には**罰則がありません**。実際には、労働基準法など、関連する法律の基準と合わせて判断していくことになるでしょう。

●労働者派遣に関する注意事項を挙げてください。

当初は人気があった働き方ですが、**差別的な待遇**が問題となっています。

【労働者派遣】

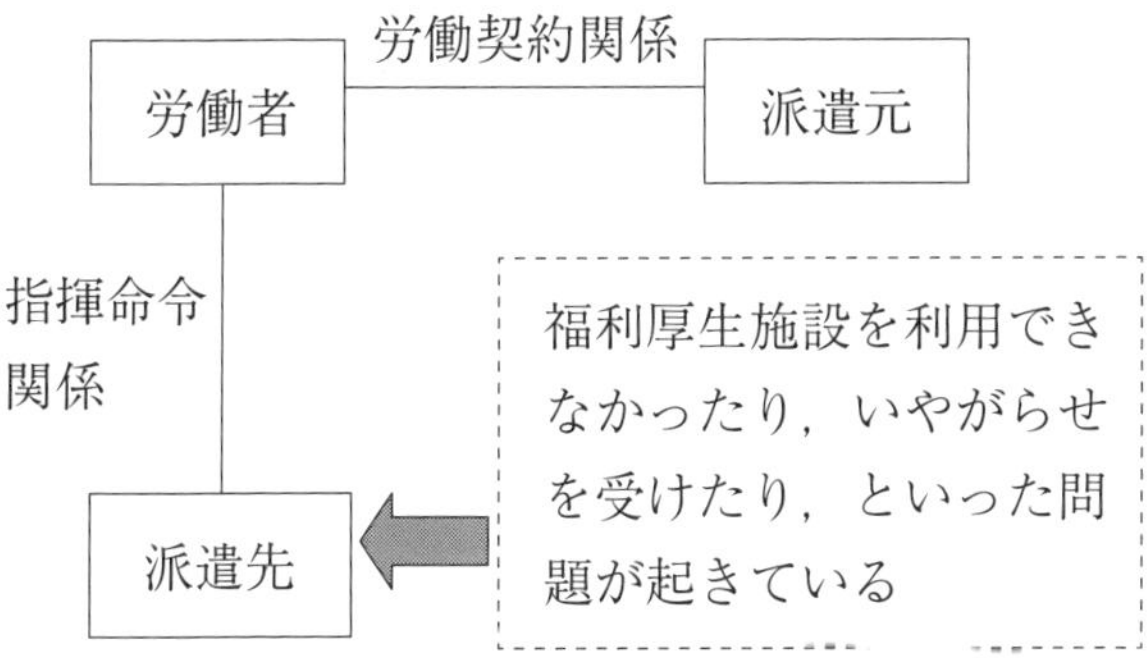

〔派遣労働者からの苦情の内容〕

人間関係・いじめ	51.7%
業務内容	31.1%
指揮命令関係	23.3%

（厚生労働省「平成24年派遣労働者実態調査」）

〔相談窓口としては，次のようなものがある〕

・法テラス
（http://www.houterasu.or.jp/service/roudou/haken/）

・派遣ユニオン（http://www.haken-union.jp/）

・一般社団法人日本人材派遣協会
（http://www.jassa.jp/association/advice/）

●退職し、とりあえず国民健康保険の被保険者になろうと思います。市町村に問い合わせたところ、「離職票を提出してください」といわれました。雇用保険の受給資格がないと思うので、離職票は希望しなかったのですが、今から会社に依頼することはできますか。

離職票は、**いつでも会社に連絡して交付してもらうことができます。**離職票が手元に届くまで、少なくとも数日はかかりますが、国民健康保険には退職の翌日から入れます。

なお、離職票を郵送してもらう場合には、**住所**に気をつけてください。退職時と変わっていたら、必ず伝えて、現住所に送ってもらいましょう。

●「健康保険・厚生年金保険資格取得（喪失）連絡票」というのは、何ですか。

退職した方が、**国民健康保険に入る時**に証明書として使える書類です。被扶養者の収入が増えて国民健康保険に切り替える時にも使えます。国民健康保険に入るのは、**退職なら**

その翌日からとなります。退職日までは勤めていた会社の被保険者証が使えますが、退職の翌日からは使えなくなります。市町村の窓口では、まず「離職票を」といわれることがありますが、実は**一番早く手に入るのはこの連絡票**です。会社にお願いすればすぐに作ってもらえますので、連絡してください。

【健康保険・厚生年金保険資格取得（喪失）連絡票】

下記の者は、健康保険／厚生年金保険の被保険者資格を □ 取得／□ 喪失 したことを連絡します。

下記の者は、健康保険／厚生年金保険の被扶養者 □ になった／□ でなくなった ことを連絡します。

(該当欄にレをご記入ください。)

平成＿＿年＿＿月＿＿日

事業所の所在地及び名称

電話番号

代表者名 ㊞

(担当者名)

被保険者氏名		性別	男・女		
住所					
生年月日	明治 大正 昭和 平成 年 月 日				
保険者の名称		保険者番号			
被保険者証の記号		被保険者証の番号			
健康保険・厚生年金保険資格取得または資格喪失年月日	取得	平成 年 月 日			
	喪失（退職）	平成 年 月 日（平成 年 月 日）			
基礎年金番号	□□□□ ― □□□□□□				
被扶養者	氏名	続柄	生年月日	性別	被扶養者になったとき／被扶養者でなくなったとき
			明 昭 大 平 年 月 日	男 女	平成 年 月 日／平成 年 月 日
			明 昭 大 平 年 月 日	男 女	平成 年 月 日／平成 年 月 日
			明 昭 大 平 年 月 日	男 女	平成 年 月 日／平成 年 月 日
			明 昭 大 平 年 月 日	男 女	平成 年 月 日／平成 年 月 日
			明 昭 大 平 年 月 日	男 女	平成 年 月 日／平成 年 月 日

喪失の理由
1 被保険者が退職したため
2 被扶養者に収入があるため（収入額 円）
3 被保険者と生計維持関係がないため
4 その他
（ ）

● 厚生年金基金の制度がなくなってしまうようですが、企業年金には、ほかにどのようなものがありますか。

確定給付企業年金と、**確定拠出年金**が挙げられます。名前が似ていて分かりにくいのですが、確定給付企業年金は、その言葉どおり**給付内容が確定**しています。この点では、伝統的な日本の年金の流れを汲んでいるといえます。企業は給付に必要なお金を用意しなければなりませんから、**5年ごとに掛金の額を再計算**します。

確定拠出年金は、**投資型の年金**です。加入者が**自分の責任で運用の指図**を行い、老後はその結果に基づいた年金を受け取ります。企業型と個人型の２種類があり、加入者範囲の見直しなどが進められています。平成27年11月現在では、企業型に約５４６万人、個人型に約24万人が加入しています。

自営業者なら、**付加年金**又は**国民年金基金**の加入と合わせて、**個人型の確定拠出年金**を検討するのもよいでしょう。自営業者の**掛金の上限は、月額で68,000円**となっています。拠出する金額が決まっていることから、「確定拠出」といっています。

確定給付企業年金法は平成14年に、確定拠出年金法は平成13年に施行されました。厚生労働省は、確定給付企業年金と確定拠出年金の中間型の、新たな企業年金の創設を検討しています。

【企業年金】

確定給付企業年金	厚生年金保険適用事業所の事業主が実施する。
確定拠出年金	〔企業型〕厚生年金保険適用事業所の事業主が実施する。 〔個人型〕国民年金基金連合会が実施する。

【確定給付企業年金】

加入者数	約782万人
受給者数	約122万人
年金額	老齢給付金 平均87.9万円

（いずれも平成26年度末）

【確定拠出年金】

平成26年末公表の「確定拠出年金実態調査」の結果によると，約６割が**元本確保型**，約４割が**投資信託**。
平成25年度中の運用利回りの平均は5.1％となっている。

企業年金連合会統計資料
（http://www.pfa.or.jp/activity/tokei/）

【今後の法改正の動向】

〔平成28年8月1日から〕

・**介護休業給付**の給付率を40％から**67％**に引き上げる。

〔平成28年10月から〕

・**500人以下**の企業でも，労使の合意により，**短時間労働者に被用者保険を適用拡大**する。

〔平成29年1月1日から〕

・現在「**1回のみ3月まで**」とされている介護休業を「**3回まで，計93日**」とする。

・**介護休暇**を**半日単位**で取得できるようにする。

・**育児休業ができる有期契約労働者**の要件を緩和する。

・妊娠，出産，育児休業，介護休業等の取得等を理由に**上司や同僚が就業環境を害する行為**を防止する。

・再就職手当の給付率を引き上げる。

〔平成31年4月から〕

・国民年金第1号被保険者（自営業者等）について，**産前産後期間の国民年金保険料を免除**する（保険料は月100円程度引上げ）。

執筆時点において国会で審議中の法案のうち，女性の働き方に関するものを抜粋しました。施行日は，法案提出時の“予定”なので，変わる可能性があります。いずれも，成立すれば新聞などで大きく報道されるでしょう。年次有給休暇を5日は確実に取れるようにするための，労働基準法改正案も審議中です。

第❸章

「法律ごとの理解」をやめれば、実務にも試験にも強くなる！

● 出産したら、すぐに会社に知らせたほうがよいのでしょうか。

出産日が確定すると、会社側は、その日をもとにして、産後休業の終了日を確認したり、**社会保険料免除の期間**を確認したりします。また、あなたの職場復帰の時期などに合わせて、人員の調整をします。出産は、**重要な連絡事項**として、早めに報告しましょう。

健康保険に入っていれば、「出産手当金」の書類を渡されているでしょう。その書類には、**出産したことを病院等で証明してもらう欄**があります。証明をもらったら、できるだけ早く会社に返送しておきましょう。書類のやり取りがスムーズに行われると、出産手当金の振込みの時期も、それだけ早くなります。

● 産休や育児休業の期間は、年次有給休暇や退職金、賞与に影響がありますか。

年次有給休暇の「出勤率」については、**出勤したものとみなされます**。これは、労働基準法に定められています。退職金や賞与の算定については、休業した日数分の範囲で減額される場合があります。

なお、退職金や賞与は、企業が任意で設けているだけなので、これらが存在しない企業もあります。

【産前産後休業：5/10出産予定，5/15出産の場合】

早めに会社に連絡！給付や保険料免除がスムーズに

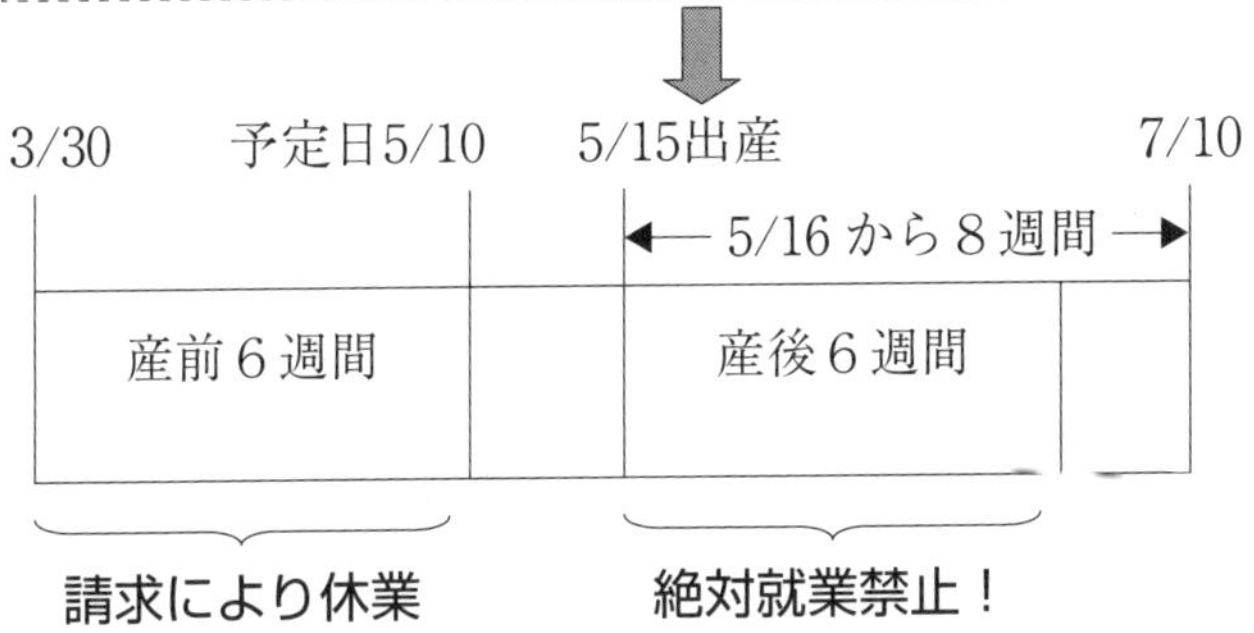

健康保険・厚生年金保険の保険料は，
産休を開始した月から免除される。

事業主・人事労務担当者の方へ　ここがポイント！

産前の休業は，出産する予定の労働者さんが請求した場合だけ，与える義務があります。産後は，出産日の翌日から数えて６週間が「絶対的就業禁止期間」にあたります。絶対に働かせてはいけない期間だということです。６週間経ってからは，労働者さんが働きたいといい，医師から見ても問題がない業務であれば，働くことが可能です。個別によく様子を聞いてあげてください。

●会社から、産まれた子の名前を早く教えてほしい、と急かされています。

お子さんのお名前は、じっくり考えたいですね。２週間以内に届け出ることになっていますから、ぎりぎりまで悩む方もいらっしゃると思います。

会社側がお子さんのお名前を早めに知りたいのには、理由があります。お子さんがあなたの健康保険の被扶養者になる場合には、教えることにそれほど抵抗はないでしょう。そのほかにも、**社会保険料を免除してもらう**ための書類にお子さんのお名前を書く欄があったり、**育児休業給付**の申請書類に**母子手帳**が含まれていたりします。出産前にひととおりの説明がされることが多いと思いますが、出産後あらためて、会社と相談しながら手続きを進めてください。

●個人の弁護士事務所で働いていて健康保険や厚生年金保険はないのですが、出産・育児に関して給付はありますか。

弁護士、社労士などの「法務業」は、個人経営の場合には、原則として健康保険・厚生年金保険が適用されません。**雇用保険は、対象者がいれば適用されます。**あなたが雇用保険に入っていて、要件を満たせば、**育児休業給付**を受けることができますよ。

【健康保険・厚生年金保険・雇用保険に加入している場合】

・出産育児一時金
・出産手当金
} 病院等の証明が必要
・社会保険料免除 ⇒ 出産日，子の名前が必要
・育児休業給付 ⇒ 母子手帳が必要

出産育児一時金	1児につき40.4万円（＋1.6万円）
出産手当金	直近1年の「報酬報酬月額」平均額の，30分の1の3分の2
育児休業給付	休業前の賃金の50％（通算180日目までは67％）

事業主・人事労務担当者の方へ　ここがポイント！

出産の予定を伝えてきた労働者さんには，社労士さんと相談の上，早めにこれらの書類の流れを説明してあげてください。出産前後は体調を崩すことがありますし，実家に戻って出産する場合もあります。産休に入ったら連絡が取りづらくなる，という前提で準備をしておくと，お互いに不安が少なくなります。

なお，お子さんを健康保険の被扶養者にする場合には，漢字などの間違いを防ぐため，口頭ではなく文字でお名前を確認してください。

● 従業員が少ない、個人の事務所で働いています。出産することになり、できれば育児休業をしたいのですが言い出しにくいです。

まずは、「とことん相談してみよう！」という気持ちで、明るく報告してみてください。人数の少ない個人事務所では、所長さんとの接触が、普段から多いのではないでしょうか。気心も知れているでしょうし、「おめでとう！」「よかったね」と返ってくると思いますよ。

その次には、相手は経営者ですから、もちろん休業などの話になります。育児休業をした上でいずれ職場復帰したい、と思い切って伝えれば、それを可能にする道を模索していくことになります。**「ここで働き続けたい」という気持ちを、あらためて伝えるチャンスが来たのだと、**前向きに考えてください。

● 入社してから1年後に育児休業を始めた場合は、育児休業給付はもらえますか。産休から引き続いての育児休業です。

育児休業給付は、原則として**休業開始日前2年間に、「賃金支払基礎日数11日以上」の期間が12以上必要**です。連続している必要はなく、通算でよいのですが、あなたの場合は、今の会社だけで要件を満たすことはできません。ただ、諦めるのはまだ早いですよ。**前に勤めていたところ**で雇用保険に入っていれば、その期間を通算できる場合があります。

【育児休業給付】

〔5/15に出産し，7/11から育児休業の場合〕

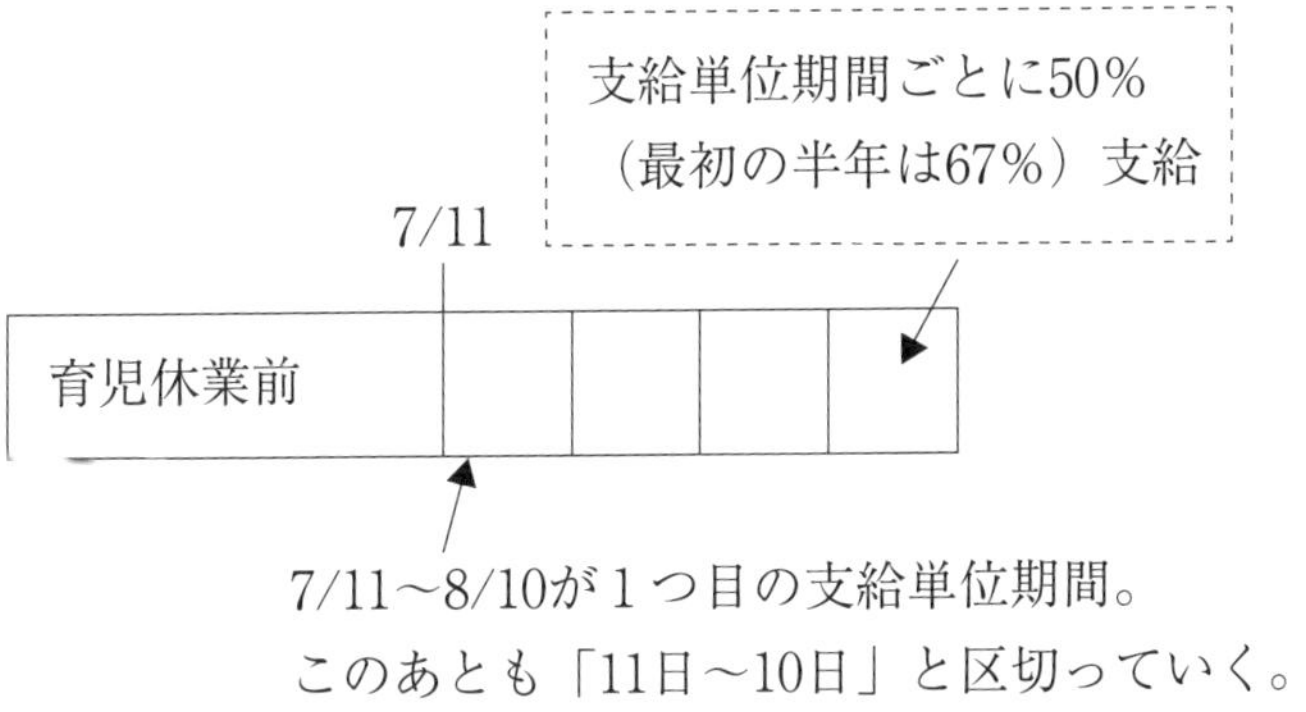
支給単位期間ごとに50%
（最初の半年は67%）支給
7/11
育児休業前
7/11～8/10が１つ目の支給単位期間。
このあとも「11日～10日」と区切っていく。

事業主・人事労務担当者の方へ　ここがポイント！

労働者さんから出産の予定を伝えられたら，まずは何よりも先に「おめでとう！」「よかったね」と伝えてあげてください。その一言が，大きな安心と信頼につながります。出産と，それに伴う休業のことを考えて，労働者さんは大変な緊張を感じながら話を始めるでしょう。これを，ピンチではなくチャンスととらえて，お互いがこれからも一緒に働いていきたいという気持ちを確認する場にしてください。また，まずは退職して落ち着いて出産・育児をしたい，という方もいます。その場合は，退職後も出産給付を受けられる人に該当するかどうか，すぐに調べてあげてください。

● **出産前に、労災で長期間休んでいました。これでは、「2年間に賃金支払基礎日数11日以上の期間が12以上」という要件は満たせないのでしょうか。**

育児休業の支給要件をみるときには、**休業開始日の前の日まで**の期間を、**過去に向かって1か月ずつ**区切っていきます。7月11日が育児休業の開始日なら、6月11日から7月10まで、5月11日から6月10日まで、といった具合です。

産前産後休業の期間があれば、「2年間」にその休業期間の日数を足して考えます。たとえば、産前産後休業の期間が100日なら、2年と100日間の間に、**賃金支払基礎日数11日以上の期間が12以上**あればよいのです。ケガや病気の場合の休業期間も、30日以上続いていれば同じように扱われます。自分で数えるのは大変なので、人事労務担当者に相談してください。

● **育児休業給付は、少しでも出勤したら支給されないのですか。**

ひとつの支給単位期間について、就業している日数が、原則として**10日以下**であることとされています。ただし、10日を超えていても、公共職業安定所長が就業をしていると認める時間が**80時間以下**なら支給対象となります。たとえば、1日4時間ずつ12日間働くと、48時間なので「80時間以下」に収まりますね。

【育児休業給付の対象になるかどうか】

〔例〕3/30～7/10が産休で，7/11が育児休業開始日の，
　　　月給制の女性の場合

期間	賃金支払基礎日数	
6/11～7/10	0日	103日間産休（6/11～3/11の4期間）
5/11～6/10	0日	
4/11～5/10	0日	
3/11～4/10	19日	
2/11～3/10	28日	
1/11～2/10	31日	
12/11～1/10	31日	

以下，同じように区切り，「11日以上」が通算12か月以上となるまで，「休業開始時賃金証明書」に記入していく。

事業主・人事労務担当者の方へ　**ここがポイント！**

育児休業給付などの要件を満たすかどうかは，このように，賃金支払と出勤の状況が重要です。社労士さんに連絡すれば素早く確認してもらえます。なお，支給要件をみるときの「２年間」は，加算分と足して最長で４年間です。加算するためには，理由と期間が分かる書類が必要となります。出産手当金，休業補償給付などの申請書は，提出前にコピーをとっておきましょう。

● **派遣労働者の育児休業は、どこに申し出ればよいですか。**

派遣元に申出を行います。派遣労働者も、一定の要件を満たせば、育児休業や介護休業を取得することができます。期間の定めとの関係で心配になると思いますが、有期労働契約の場合について、次のような基準が定められています。

① 同じ事業主に引き続き雇用された期間が**1年以上**であること
② 子の**1歳の誕生日以降**も引き続き雇用されると見込まれること
③ 「**子の2歳の誕生日の前々日までに**、**労働契約の期間が満了**し、かつ、その労働契約の**更新がない**」**ことが、明らかでない**こと

③は、まるで呪文のようですが、「2歳の誕生日の前日に労働契約関係が存在する可能性」があれば大丈夫、ということです。派遣労働者の育児休業については、厚生労働省が、事業者向けのパンフレットを作成しています。

● **育児休業給付は雇用の実績が重要だと思いますが、派遣労働者として派遣されていた期間と、その後その派遣先に雇用された期間は、どうなりますか。**

派遣先が派遣労働者を雇い入れた場合には、**派遣労働者として派遣先に派遣されていた期間も、同一の事業主の下における雇用実績**とみなして差し支えないとされています。

【派遣労働者の育児休業】

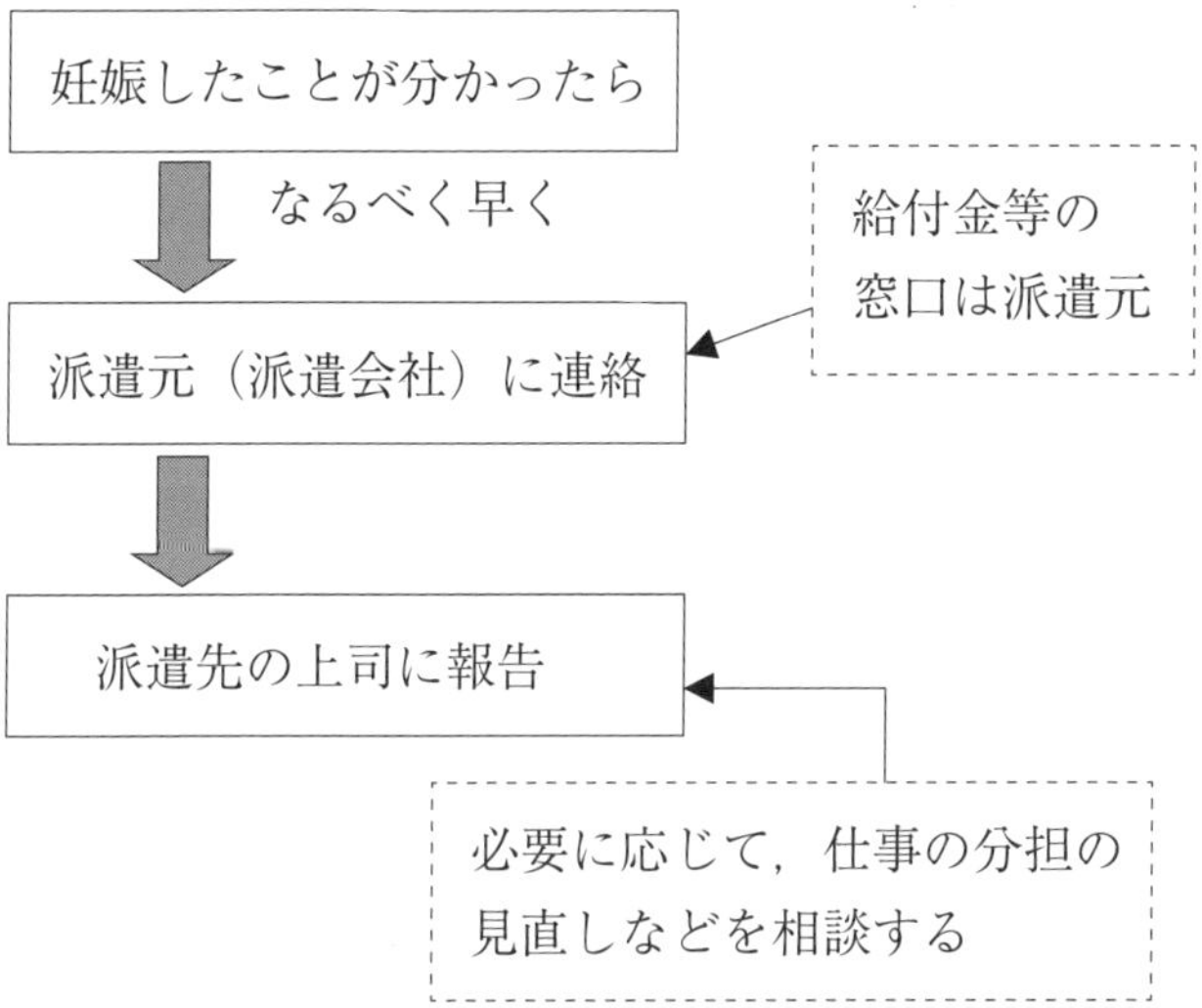

「有期契約労働者の育児休業取得推進に向けて
～子育てしながら働き続けられる職場づくりのために～
労働者派遣事業者版」
（http://www.mhlw.go.jp/general/seido/koyou/ryouritu/dl/yuukikeiyaku_haken_zentai.pdf）

事業主・人事労務担当者の方へ　ここがポイント！

職場復帰にあたり，新たな派遣先を探す必要が生じる場合もあります。どんな条件を希望するのか，よく話し合ってください。

●出産、育児について支払われるお金の合計額が分かる例を示してください。

5月10日が出産予定日で、5月15日に出産した女性の例をみてみましょう。産休は、3月30日から7月10日までの、103日間となります。子が1歳に達するまでの休業だとすると、育児休業給付の対象となるのは、7月11日から翌年の5月13日までです。

① **出産費用**……産科医療補償制度に加入している病院で出産し40万円かかったが、出産育児一時金の直接支払制度を利用した。42万円との差額の、**2万円**が支給された。

② **出産手当金**……標準報酬月額は、直近1年間は変わらず20万円。20万円÷30＝6、666・6円。「5円以上10円未満は10円に切上げ」なので6、670円。6、670円×3分の2＝4、446・6円。「50銭以上1円未満は1円に切上げ」なので4、447円。4、447円×103日＝**458、041円**。

③ **育児休業給付**……休業前の賃金が月額20万円。1つ目〜6つ目の支給単位期間（7月11日〜1月10日）は、それぞれ、この67%が支給される。20万円×67%×6＝**804、000円**。7つ目〜10個目の支給単位期間（1月11日から5月10日まで）は、50%の支給なので10万円×4＝**40万円**。最後の支給単位期間（5月11日〜5月13日）は、実日数（3日）で計算され約**1万円**。**①から③までを合計すると、2万円＋458、041円＋804、000円＋40万円＋1万円＝約170万円**。

【出産・育児に関する給付のまとめ】

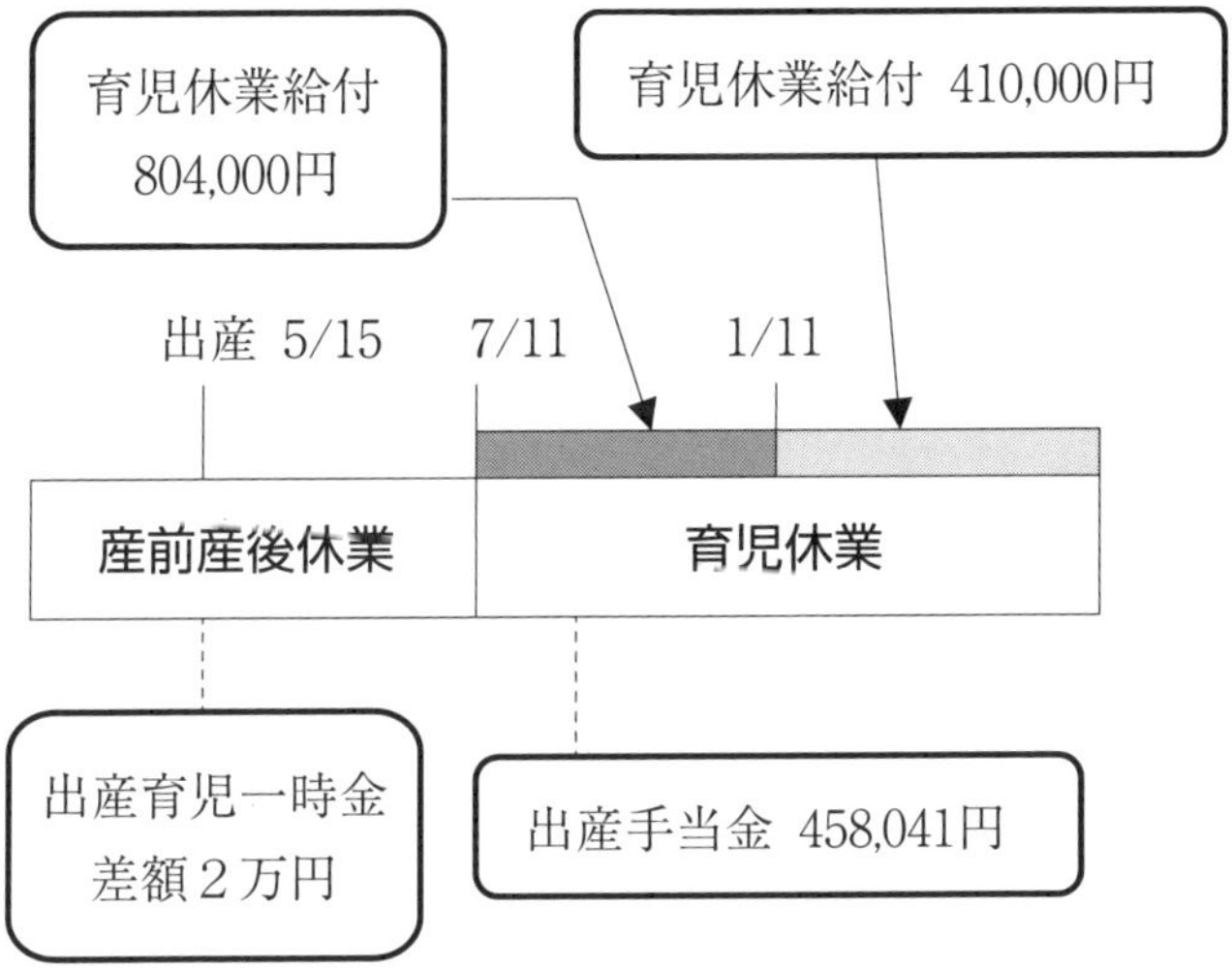

合計で約170万円となる。出産手当金と育児休業給付は，賃金（報酬）の額に基づくため，人により大きく異なる。

事業主・人事労務担当者の方へ　ここがポイント！

育児休業給付の支給額の基礎となる日額は，毎年，約14,000円が最高額とされています。月額にすると約42万円。育児休業給付の最高額は，最初の半年は約28万円×６回，その後は支給単位期間ごとに21万円です。

●休業中の保険料の免除や職場復帰後の保険料の額について、具体例で教えてください。

前問と同じ例で考えてみましょう。産休は3月30日から7月10日まで、その後、翌年の5月14日まで休業する女性の例です。40歳未満で、賃金締切日は20日としておきましょう。職場復帰からしばらくの間は、時間を減らして働くことにしました。

①　**健康保険・厚生年金保険の保険料免除**……休業を開始した**3月分から免除される。**最後の月は**「休業終了日の翌日が属する月の前月」**なので、5月15日が属する月の前月まで、つまり**4月分**までとなる。給与明細上では**5月支払給与まで免除**される。

②　**育児休業等を終了した際の改定**……4月21日～5月20日、5月21日～6月20日、6月21日～7月20日の3か月で要件をみる。ただし、4月21日～5月20日は、**報酬支払基礎日数が17日未満**のため算入しない。あとの2か月は17日以上なので、2か月で平均すると、178、000円となった。**標準報酬月額が20万円から18万円**に改定され、8月分（給与明細上は9月分）から適用される。

これをまとめると、次のようになります。

職場復帰してから最初の給料（5月分）……**保険料免除**（雇用保険料は発生）。
6月分～8月分給料……健保・厚年の被保険者負担は月額で**約28、000円**。
9月分給料から………健保・厚年の被保険者負担は月額で**約25、000円**。

【健康保険，厚生年金保険の保険料】

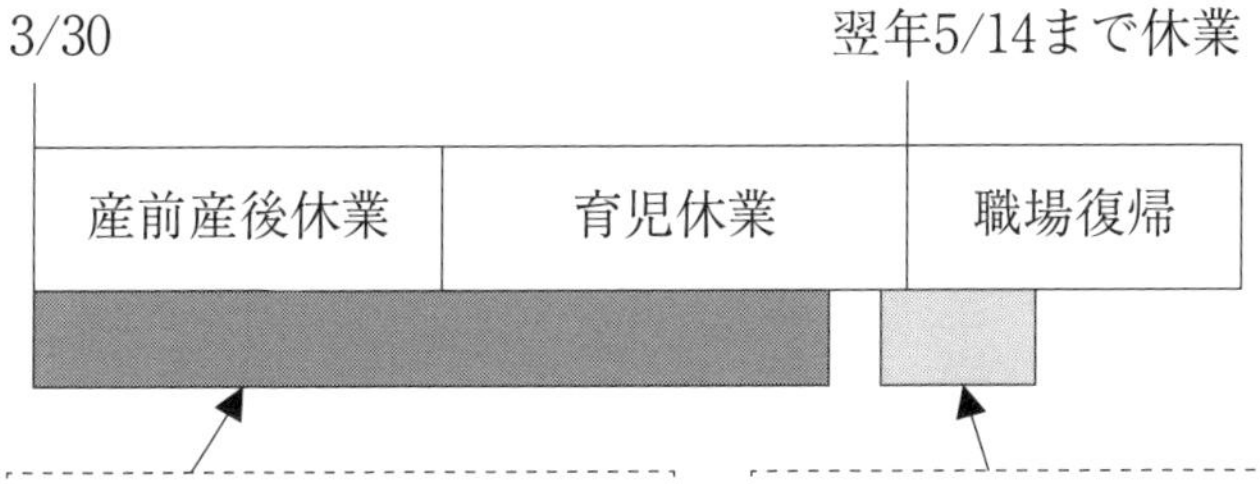
3/30
翌年5/14まで休業
産前産後休業
育児休業
職場復帰

３月分～翌年４月分までの保険料が免除される（給与明細上は４月分～翌年５月分）

「休業終了日の翌日が属する月以後３月間」で，改定できるかどうか判断

５・６・７の３月間のうち17日以上の月のみで計算。**「休業終了日の翌日から２月を経過した日の属する月の翌月」**から改定（この場合，８月分保険料から）。

事業主・人事労務担当者の方へ **ここがポイント！**

保険料は，翌月末日が納期限となっています。たとえば，４月分の保険料なら，５月中に支払うお給料から控除することになります。お給料計算担当の方は，「○月分の保険料」と覚えておくよりも，「○月○日支払分の給料から変更」と覚えておいたほうが，分かりやすいでしょう。

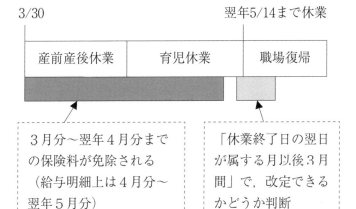

●双子を出産した場合には、出産給付での取扱いはどのようになりますか。

出産育児一時金は、**胎児の数に応じて支給**されます。産科医療補償制度に加入している病院等での出産で、あなたの医療保険が協会けんぽなら、42万円×2＝84万円となります。三つ子なら、42万円×3＝126万円です。

出産手当金は、産前の期間が、最長で**98日**となります。たとえば、予定日よりも2日遅れて出産した場合には、98日＋2日＋56日＝156日分が支給されます。これを、たとえば1日4、447円で計算してみると、4、447円×156日＝693、732円となります。労働基準法でも、多胎妊娠の場合は、産前休業が14週間（98日）となっています。

●切迫早産で会社を休むことになりました。まだ産休の期間に入っていないのですが、何か給付はありますか。保険料はどうなりますか。

健康保険の**傷病手当金**の対象になります。傷病手当金の支給額は、出産手当金と同じように計算されます。ただし、傷病手当金には「待期」という様子見の期間があり、最初の3日間は支給されません。

健康保険と厚生年金保険の保険料は、傷病手当金の支給対象となる期間についても**通常どおり発生**します。お産や育児と異なり、免除の制度がないのです。

【傷病手当金と出産手当金】

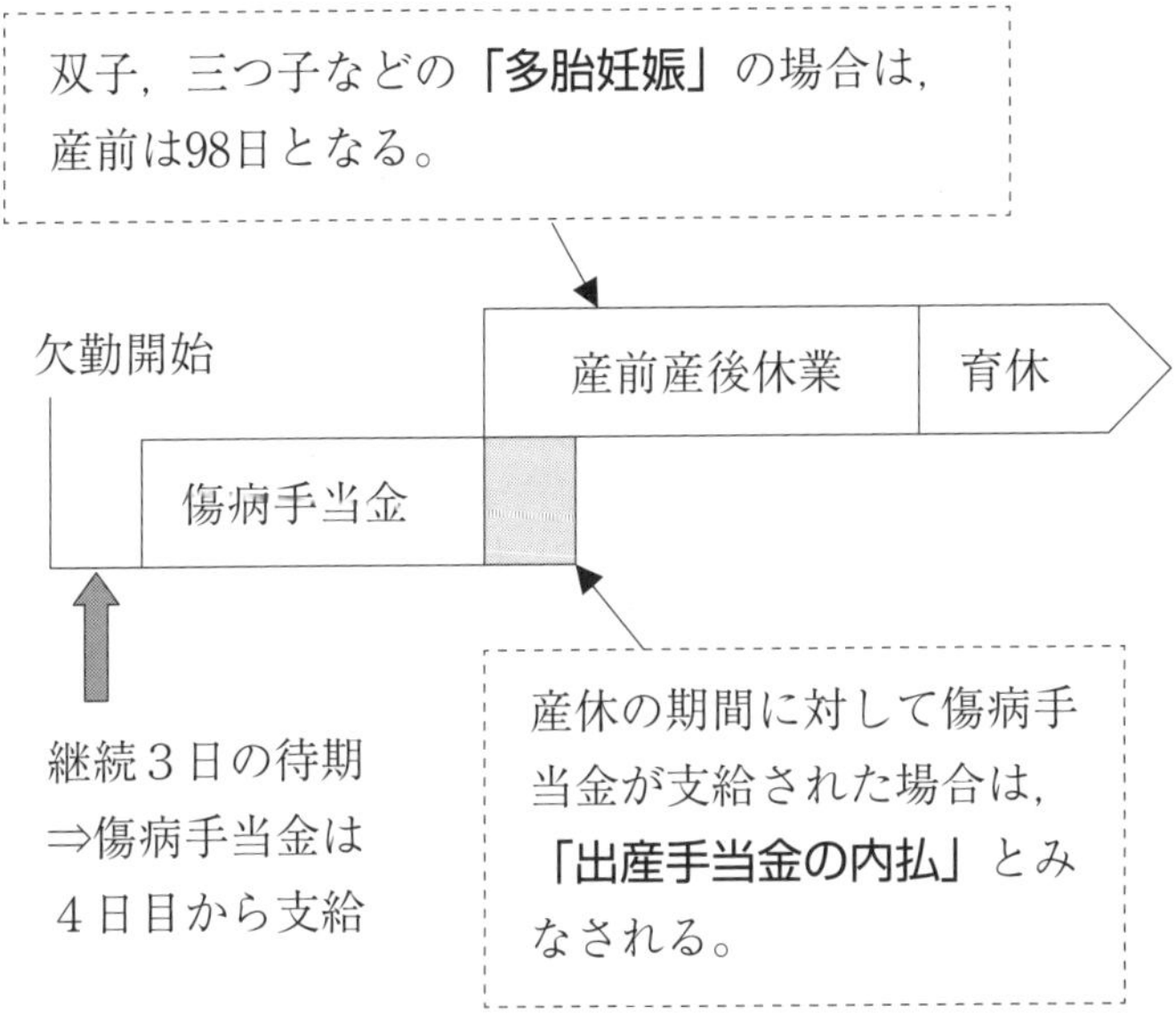
双子，三つ子などの**「多胎妊娠」**の場合は，
産前は98日となる。
欠勤開始
産前産後休業
育休
傷病手当金
継続３日の待期
⇒傷病手当金は
４日目から支給
産休の期間に対して傷病手当金が支給された場合は，
「出産手当金の内払」とみなされる。

事業主・人事労務担当者の方へ　ここがポイント！

働く女性が増え，第１子を出産する年齢が高くなっています。平成27年版の「少子化社会対策白書」によれば，第１子の出産年齢は30.4歳，第２子が32.3歳，第３子が33.4歳となっています。40歳前後での出産も，珍しいことではなくなりました。仕事と育児の両立に加え，介護も同時に行う場合があります。労働者さんが相談しやすい雰囲気を作ってあげてください。

●マタハラという言葉が流行していますが、自分では、分かっているようで分かっていない気がしています。セクハラ、パワハラ対策も含め、まずは日常的に職場の雰囲気をよくしていきたいと思うのですが、きっかけがつかめません。

マタハラ、セクハラ、パワハラ、いずれも深刻な問題ですね。実はこれは、「**労使間のコミュニケーションが取れる職場かどうか**」という、**労務管理**の話につながります。一般的には、「会社」と「労働者」と二分して考えることが多いかもしれませんが、突き詰めて言えば「人間の集まり」。人は、感情豊かで複雑な生き物ですから、ちょっとしたことで表情が硬くなったり、タイミングよく笑顔が出てこなかったり、予想外に厳しい声になってしまったりします。それがその人の真意だと、瞬間的に相手に受け取られたら、トラブルが発生してしまうかもしれません。

個人の事務所での妊娠の報告を例に挙げましたが、どのような業種でどのような規模であっても、**周りの人を観察し意思疎通を図る**ことが大切です。そうすると、たとえば労働者側からみれば、「この上司は、こういう言葉に対して怒る」といった**攻略法**がわかってきます。反対の立場でも同様です。また、近年はメールによる連絡が増えていますが、いざというとき話を聞いてくれるのは、**電話や直接の対話を重ねてきた相手**です。一人一人の**人間力**を合わせて、活力ある職場、そして楽しい人生を作っていきたいですね。

【妊娠，出産等を理由とする不利益取扱いの禁止等】

次のことは，男女雇用機会均等法で禁止されている。

① 女性労働者が**婚姻**し，**妊娠**し，又は**出産**したことを**退職理由として予定する定めをする**こと
② 女性労働者が**婚姻したことを理由として**，**解雇**すること
③ 女性労働者が**妊娠**したこと，**出産**したこと，**産前産後休業を請求**したこと，**産前産後休業をした**こと，その他の妊娠又は出産に関する事由であって厚生労働省令で定めるものを**理由として**，当該女性労働者に対して**解雇その他不利益な取扱い**をすること

妊娠中の女性労働者及び**出産後１年を経過しない**女性労働者に対してなされた**解雇**は無効（事業主が，上の表の③を理由とする解雇でないことを証明したときを除く）

厚生労働省「STOP！マタハラ」
（http://www.mhlw.go.jp/stf/seisakunitsuite/bunya/0000088308.html）

【事業主の方のための雇用関係助成金】

キャリアアップ助成金

有期契約労働者，短時間労働者，派遣労働者といった**非正規雇用の労働者のキャリアアップを促進**する。
正規雇用等への転換コース，**人材育成**コース，**処遇改善**コースなどがある。

特定求職者雇用開発助成金

高年齢者，障害者，**母子家庭の母**などの雇入れ

両立支援等助成金

仕事と家庭生活の両立を支援。**代替要員の確保，期間雇用者継続就業の支援，育休後の原職等への復帰**などが対象となる。

厚生労働省ＨＰ
（http://www.mhlw.go.jp/stf/seisakunitsuite/bunya/koyou_roudou/koyou/kyufukin/）

〔参考文献等〕

労働基準法コンメンタール　上巻・下巻（労務行政）
高齢社会白書　平成27年版
少子化社会対策白書　平成27年版
労働安全衛生法の詳解　―労働安全衛生法の逐条解説―　改訂4版（労働調査会）
厚生労働省パンフレット「長時間労働者への医師による面接指導制度について」「ストレスチェック制度導入マニュアル」「二次健康診断等給付の請求手続」「介護休業給付の内容及び支給申請手続について」
独立行政法人労働者健康安全機構ホームページ「地域産業保健センター」
全国労保連パンフレット「全国労保連労働災害保険」
厚生労働省ホームページ「仕事のスキルアップ・資格取得を目指す方へ」
総務省報道資料平成27年3月27日「育児休業給付金の支給対象期間の延長手続の周知徹底について（あっせん）」
東京労働局ホームページ「モデル例・様式集」
厚生労働省資料「マイナンバー制度の導入に向けて（雇用保険業務）～事業主の皆様へ～」

雇用保険に関する業務取扱要領（平成28年2月16日以降）
全国健康保険協会ホームページ「出産育児一時金について」「出産手当金について」「会社を退職するとき」
日本年金機構「配偶者からの暴力を受けた方の国民年金保険料の特例免除について」
内閣府男女共同参画局「配偶者からの暴力被害者支援情報」
厚生労働省資料「短時間労働者に対する被用者保険の適用拡大」
埼玉県富士見市ホームページ「健康保険・厚生年金保険資格取得（喪失）連絡票」
作楽会百年のあゆみ（作楽会百年史編集委員会）

質問項目一覧

質問項目一覧

<著者紹介>

古川　飛祐（ふるかわ・びゅう）

社会保険労務士。古川労務管理事務所（労働保険事務組合八幡共栄会併設）で22年間の実務経験がある。社労士試験をトップクラスで合格し，㈱労務経理ゼミナール，早稲田大学エクステンションセンター講師を歴任。現在は，㈱労務経理ゼミナールの新宿教室で，通学講座の全科目を秋保雅男講師とのコンビで担当。受験生から高い信頼を得て，合格者を輩出している。

（執筆・共著書）

「秋保雅男の社労士試験最短最速合格法」日本実業出版社，「社労士受験教科書」中央経済社，「うかるぞ社労士必修過去問」「うかるぞ社労士必修予想問」「うかるぞ社労士SRゼミ」週刊住宅新聞社，「社労士年金ズバッと解法」「社労士労災・雇用・徴収ズバッと解法」秀和システム，「社労士受験基本テキスト」「社会保険労務がよくわかるシリーズ　公的年金の基本と手続きがよくわかる」労働調査会，「年金Q&A 680第６版（補訂）」税務経理協会　他

著者との契約により検印省略

平成28年5月10日　初　版　発　行

女性社労士がこたえる
働く女性のための
雇用・年金教室
－幸せなビジネスライフをおくるために－

著　者　古　川　飛　祐
発行者　大　坪　嘉　春
印刷所　税経印刷株式会社
製本所　株式会社　三森製本所

発行所　〒161-0033 東京都新宿区下落合２丁目５番13号　株式会社 税務経理協会
振　替　00190-2-187408　電話　(03)3953-3301（編集部）
ＦＡＸ　(03)3565-3391　(03)3953-3325（営業部）
URL　http://www.zeikei.co.jp/
乱丁・落丁の場合は，お取替えいたします。

ISBN978-4-419-06350-4　C3034